허세의 기술

가성비 최고의 처세술 & 비즈니스 기술

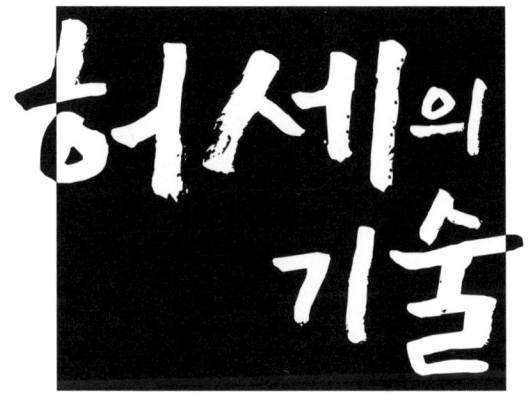
허세의 기술

오하라 마사토 지음 ★ 곽현아 옮김

자신을 효과적으로 어필하는 커뮤니케이션 전략

세상에 남보다 몇 배나 뛰어난 사람은 없다!
그렇게 '보이는 것'뿐!

허세의 기술

발행일 2025년 9월 4일 초판 1쇄 발행
지은이 오하라 마사토
옮긴이 곽현아
발행인 강학경
발행처 시그마북스
마케팅 정제용
에디터 최윤정, 최연정, 양수진
디자인 강경희, 정민애, 김문배

등록번호 제10-965호
주소 서울특별시 영등포구 양평로 22길 21 선유도코오롱디지털타워 A402호
전자우편 sigmabooks@spress.co.kr
홈페이지 http://www.sigmabooks.co.kr
전화 (02) 2062-5288~9
팩시밀리 (02) 323-4197
ISBN 979-11-6862-403-0 (03190)

HATTARI NO SAHOU JIBUN WO SAITAKANE DE URU "MISEKATA" TO
"TSUJITSUMA AWASE" NO GIJUTSU
© MASATO OHARA 2024
Originally published in Japan in 2024 by Pal Publishing Co., TOKYO.
Korean translation rights arranged with Pal Publishing Co., TOKYO,
through TOHAN CORPORATION, TOKYO and EntersKorea Co., Ltd., SEOUL.

이 책의 한국어판 저작권은 ㈜엔터스코리아를 통해 저작권자와 독점 계약한 **시그마북스**에 있습니다.
저작권법에 의하여 한국 내에서 보호를 받는 저작물이므로 무단전재와 무단복제를 금합니다.

파본은 구매하신 서점에서 교환해드립니다.

* **시그마북스**는 ㈜**시그마프레스**의 단행본 브랜드입니다.

위대한 모든 사람이
공통으로 가지고 있는 자질이 있다면,
그것은 허세다.

- 유섭 카쉬(Yousuf Karsh, 사진작가) -

당신은
어째서 이 책을
읽기 시작했습니까?

어쩌면
당신이 편하게 좋은 평가를
받고 싶어서라면
이 책을 읽지 않아도 좋습니다.

허세를 부릴 수 있는 사람과
부리지 못하는 사람 중에는
**허세를 부릴 수 있는 사람이
좋은 평가를 받는다.**
이는 의심할 바 없는 사실입니다.

하지만 허세를 부린 다음에는
진지하게 '간극을 메워'
'허세'를 '현실'로
만들기 위한 노력이 필요합니다.

즉,
허세로 기회를 잡은 다음에는
전력을 다해
신뢰와 실적을 쌓아 올리겠다 –
그런 각오가
필요하다는 말입니다.

그것이 바로
'허세의 기술'입니다.

CONTENTS

서장   좋은 평가를 받는 사람에게는 '허세력'이 있다

1 에르메스도 루이뷔통도 결국은 '허세력' ·················· 19
2 마이센은 왜 아리타 도자기보다 '50배나 비싼 가격'에 팔릴까? ·················· 22
3 허세를 부리기만 해도 공적으로건 사적으로건 3배의 이득을 볼 수 있다 ·················· 25
4 세상에 남보다 몇 배나 뛰어난 사람은 없다! 그렇게 '보이는 것'뿐이다 ·················· 31
5 '착각'의 힘을 잘 이용하면 평범한 상품도 폭발적으로 팔린다 ·················· 35
6 일본에서는 소수의 허세쟁이가 좋은 기회를 독차지한다 ·················· 38
7 허세의 반대말은 '정직', '겸허'가 아니라 '보신', '자학'이다 ·················· 43
8 90%의 사람이 몰라서 손해 보는 '운 좋은 사람'의 트릭 ·················· 46

제1장   '허세력'이란 보여주는 방식과 현실의 간극을 메우는 기술이다

1 궁극의 허세는 인상을 조작하는 것! 상대방의 '기대치'를 조절하자 ·················· 53
2 현실적인 목표를 '업적'인 양 착각하게 만드는 허세의 기술 ·················· 56

3	『벌거벗은 임금님』의 재단사는 일류 마케터	60
4	한 병에 수백만 엔의 가치를 자랑하는 와인의 허세력	64
5	세계적인 고급 브랜드에서 배우는 '한 단계 위'로 보이게 만드는 허세	68
6	어째서 NFT의 원숭이 그림과 클럽하우스의 허세는 지속되지 않은 것일까?	71
7	'섬네일 사기'에 해당하지 않을 정도의 아슬아슬한 선을 공략하라	74
8	고객도 상사도 사실은 허세 부리기를 바란다	78
9	사람은 허세를 현실화하는 과정에서 극적으로 성장한다	83

제 2 장 일로 좋은 평가를 받고 싶다면 허세를 활용하라

1	숫자를 꺼내 들기만 해도 능력 있어 보이게 만드는 비밀	91
2	우연의 산물도, 팀 전체의 실적도, 모두 '내 실력'이라고 이야기하라	95
3	하루에 10개만 팔리더라도, 50년 동안 팔면 '18만 개 팔린 만두'가 된다	99
4	인지심리학의 휴리스틱으로 판단했을 때 '우수'하다고 생각하게 만드는 기술	102
5	'후광효과'를 받을 수 있는 일을 해, 허세의 자산을 쌓아 나가자	105
6	허세를 최대화하려면 '비주얼'을 활용하라	108
7	자기 의견이 통과되길 바란다면 '선택지는 두 개'를 제안하라	111
8	메일에 빨리 회신하기만 해도 '일 잘하는 사람'이라고 평가받는다	114
9	시간을 단축해 허세를 부리고 싶다면 사전 등록과 양식을 잘 활용하라	117
10	허세는 보는 사람이 없으면 의미가 없다	120
11	상사가 안 된다고 하면 그보다 더 '위'의 상사를 이용하라	124
12	원맨 회사에서는 '사장의 위엄'을 빌리는 허세를 부려라	127

제 3 장 나 자신을 프로듀싱할 때도 허세가 필요하다

1. SNS를 일기라고 착각하지 마라! '약한 소리'나 '감상'을 뱉지 말자 ······ 135
2. SNS에서는 오히려 '논란이 될 만한 주제'를 꺼내자 ······ 139
3. 안티는 무시해라! 잘못 엮이면 모처럼 설정한 캐릭터가 붕괴된다 ······ 143
4. 잠재고객에게 '신념'을 말하는 것은 난센스!
   상대방이 기대하는 것은 '실적'뿐이다 ······ 146
5. 사람은 권위나 미디어에 약하다! 이를 충분히 활용해 착각하게 만들어라 ······ 149
6. 방송의 권위를 빌리는 비법! 지방 방송국에는 '돈으로 살 수 있는 기회'가 있다 ······ 153
7. 아직 성공하지 못했다면 오히려 '성공한 사람'인 척하라 ······ 157
8. 결재권자 대다수는 책 읽는 세대! 책을 내기만 해도 '선생' 취급을 받을 수 있다 ······ 160
9. 유명하지 않아도 '상업 출판'을 할 수 있는, 아는 사람은 아는 방법 ······ 163
10. 스케줄은 조금씩 잘라서 '인기인인 척'하라 ······ 167
11. 처음에는 일부러 늦게 회신하거나, 비서를 통해 회신해라 ······ 170
12. 거절당하면 거절당하는 만큼 욕망하게 되는, 인간의 심리를 이용하라 ······ 173

제 4 장 상품이나 서비스를 몇 배나 좋아 보이게 만드는 허세의 기술

1. 착각이 전부다! 고흐의 그림이라고 하면 좋다고 느끼게 된다 ······ 179
2. 좋은 물건이라고 착각하게 하려면, 시세보다 '2배 이상의 가격'으로 책정하라 ······ 182
3. 비싸게 팔면 팔수록 '클레임'이 적어지는 비밀 ······ 186

4 저렴한 느낌과 특별함을 양립해, 실적을 V자 회복시킨
'500엔' 가격 책정이라는 묘수 ··· 188
5 1개 88만 엔! 전 세계에서 취재 의뢰가 쏟아진 '세계에서 가장 비싼 아이스크림' ···· 191
6 알고 보면 돈으로 살 수 있는 '몬드 셀렉션'과 맛의 비밀 ················ 197
7 통상 가격의 10분의 1로 '그 사람'의 권위를 빌릴 수 있는 숨은 비법 ············ 201
8 무료로 가능한 인플루언서 선물 ··· 203
9 성공한 사람일수록 SNS를 성실하게 하는 이유는 ···························· 205
10 파리에 사무실을 두겠다는 궁극의 허세 ·· 208

제 5 장 사생활도 '허세력'이 있으면 잘 풀린다

1 인기 있는 사람은 미남미녀가 아니라 '허세'를 잘 부리는 사람 ················ 213
2 허세력이 있으면 친구 관계도 좋아진다 ·· 217
3 가난하더라도 허세를 부려라! 돈은 쓰는 만큼 돌아온다 ···················· 219
4 해야 할 말을 하지 않으면 당신의 가치가 떨어진다 ·························· 222
5 근거 없는 자신감이 전부다 ··· 226
6 허세를 부린 지 어언 30년, 단 한 번도 실패한 적이 없다 ···················· 229

마치며   233

서장

좋은 평가를 받는 사람에게는 '허세력'이 있다

1

에르메스도 루이뷔통도
결국은 '허세력'

여러분은 '허세'라고 하면 어떤 이미지가 떠오르시나요?

"있어 보이려고 허세나 부리는 건 정말 별로야!"

"가장 중요한 건 내면이야. 허세가 아닌 실력으로 승부를 봐야지!"

이처럼 '허세는 나쁜 것'이라고 여기는 분도 많으실 테지요.

하지만 알고 보면 그런 사람일수록 허세에 취약해서, 자기도 모르게 다른 사람의 허세에 휘말리는 일이 많습니다.

예컨대 '허세가 아닌 실력으로 승부를 봐야 한다'라고 생각하는 사람이라도 에르메스 가방과 이름 없는 브랜드 가방을 나란히 두고 "어느 쪽이 더 좋나요?"라고 질문하면, 주저 없이 에르메스를 고를 것이 뻔합니다.

이름도 모르는 브랜드의 제품보다 세계적으로 유명한 고급 브랜드의 제품을 고르게 되는 이유는, 품질이나 사용감 같은 본질 때문이 아닙니다. 에르메스의 허세력에 '에르메스 상품이면 아마 품질도 좋을 거야'라고 주입되었기 때문이지요.

살아오면서 단 한 번도 에르메스 가방을 들어본 적 없는 사람도 '에르메스는 고급스럽다', '에르메스 가방은 품질이 좋다'라는 이미지를 가지고 있는 것입니다. **가져본 적도, 만진 적도 없는 사람까지 '당연히 품질이 좋겠지'라는 인상을 심어주는 — 허세의 힘이 바로 이런 것입니다.**

반대로 허세력이 전혀 없는 브랜드는 얼마나 좋은 소재를 사용했건, 얼마나 매력적인 가방을 만들었건 에르메스를 당해낼 수가 없습니다. 만약 실제로 두 브랜드의 제품을 모두 사용해 볼 수 있다면, 그중에는 '이름 없는 브랜드 가방이 더 쓰기 좋네'라고 느끼는 사람이 있을지도 모르겠습니다. 하지만 **이름 없는 브랜드 가방은 애당초 누구도 선택하지 않고, 손에 들지 않으므로, 실력을 알릴 만한 기회조차 주어지지 않습니다.**

그렇다면 에르메스가 허세의 힘을 발휘하는 이유는 무엇일까요?

에르메스라는 브랜드가 지닌 힘은 분명 오랜 세월에 걸쳐 역사와 전통, 품질 등 다양한 요소로 다져온 것이 맞지만, **가장 이해하기 쉬운 포인트는 바로 '가격'입니다.**

에르메스뿐만 아니라 루이뷔통이나 샤넬 등 세계적으로 유명한 명품 브랜드는 모두 비쌉니다. 많은 사람이 '좋은 물건이니까 당연히 비싸겠지'라고 생각하지만, 알고 보면 그 반대입니다. **가격이 비싸니까 '품질도 좋을 것'이라고 착각한다는 말입니다.**

명품 브랜드는 보통 가격을 인하하지 않습니다. 예컨대 가방 재고가 많이 남더라도 가격을 내리거나 아웃렛으로 보내는 일 없이, 조용히 처분합니다. 속으로는 싸게 팔아버려서 재고를 처리하고 싶다고 생각하더라도, '냉수 먹고 이 쑤신다'라는 심정으로 브랜드 가치를 지키기 위해 이를 악물고 폐기하는 것이지요. 이처럼 일관된 허세를 보여주었기에 에르메스나 루이뷔통이 명품 브랜드의 가치를 유지해 올 수 있었던 것입니다.

마이센은 왜 아리타 도자기보다 '50배나 비싼 가격'에 팔릴까?

에르메스 사례를 통해 알 수 있듯이 허세력의 유무는 비즈니스의 성공을 결정짓는 중요한 요소입니다. 그러나 안타깝게도 일본은 '겸손'을 미덕으로 삼은 나머지, 이 같은 허세의 기술 측면에서는 서양에 크게 뒤처지고 말았습니다. 이를 여실히 보여주는 것이 바로 도자기의 브랜딩입니다.

도자기는 기원전 수천 년 전에 중국의 징더전에서 처음 시작되었으며, 그 후 베트남의 박닌에서 세계 각지로 전해졌습니다. 일본에서는 아리타에서 1600년대 초기부터 만들기 시작했으며, 유럽에서는 그로부터 1세기가 지난 1710년에 독일 마이센에서 처음으로 도자기가 제조되었습니다.

이 네 곳은 현재까지도 도자기 산지로 유명합니다. 그렇다면 현재 가장 높은 브랜드 가치를 자랑하는 것은 과연 어느 곳에서 생산된 도자기일까요?

바로 마이센입니다. 도자기가 가장 처음으로 시작된 징더전도, 수천 년의 역사를 자랑하는 박닌도, 마이센보다 100년이나 앞서 도자기를 제조하기 시작했던 아리타도 아닌, 어찌 보면 이 업계에 가장 늦게 뛰어들었다고 볼 수 있는 독일 마이센의 브랜드 가치가 가장 높다는 것입니다. 절대로 저렴하다고 할 수 없는 아리타 도자기 그릇 세트가 보통 10만 엔 선인데, 마이센에서 비슷한 급의 그릇 세트를 사려면 500만~800만 엔이나 합니다.

도자기 제조 기술은 이미 성숙기에 들어선 만큼, 브랜드에 따른 개성의 차이가 존재할지언정 성능 차이는 도토리 키재기라고 해도 될 정도입니다. 그런데도 **어째서 이렇게 큰 격차가 발생했는가 하면, 바로 브랜딩, 즉 허세력의 유무가 영향을 미쳤기 때문입니다.** 마이센은 허세를 잘 부렸고, 아리타 도자기는 그렇지 못했다 — 그 차이가 바로 50배나 되는 가격에 반영된 것이지요.

이는 도자기에만 한정된 이야기가 아닙니다. 자동차, 가전제품, 패션, 문화 등 ==서양 브랜드가 가지는 브랜드 파워의 비밀은 결국 허세에 있습니다.== "우리 브랜드는 이런 세계관을 갖고 있고, 우리는 그만큼 지불할 만한 가치가 있어"라고 당당하게 어필함으로써 고객들을 그 세계관 속으로 끌어들입니다.

그에 비해 일본인의 의식 수준은 아직도 근대화가 시작되기 전인 15세기 무렵에 머물러 있어서, '자기 자신을 내세우는 것은 꼴불견이다'라고 여기는 사람들이 많습니다. 그러나 이렇게나 글로벌한 세상을 살아가는 지금, 허세 부리기를 주저한다면 틀림없이 외세에 밀려나고 말 것입니다.

허세를 부리기만 해도
공적으로건 사적으로건
3배의 이득을 볼 수 있다

허세는 상품이나 서비스의 가치를 높일 뿐만 아니라, 자기 자신을 더 유능하게 연출하기 위한 '셀프 프로듀싱'에도 꼭 필요한 스킬입니다.

'업무 중에 허세나 부리다 신뢰가 하락하면 어떡하지?' 이렇게 생각할지도 모르겠습니다. 그러나 그런 일은 없습니다. 일본인은 다른 사람이 '겸손'하기를 바라지만, 그 반면 너무 겸손한 사람은 경시하는 모순된 가치관을 지니고 있기 때문입니다.

그러므로 그저 겸손하기만 하고 자기 홍보를 잘하지 못하는 사람은 결국 주변 사람들에게 좋은 평가를 받지 못하고, 허세를 잘 부리는 사람일수록 출세하게 됩니다. 가만히 주위를 둘러보세요. 빨리 출세한 사람은 모두 나름대로 허세를 부리지 않았던가요?

더 이상 무엇을 숨기겠습니까? **저 역시 허세로 커리어를 구축해 온 사람 중 하나입니다.**

저는 대학 졸업 후 일본 최대의 온라인 유통업체인 라쿠텐에 입사해, '라쿠텐 시장'의 비주얼을 총괄하는 Web 프로듀서로서 다양한 히트 기획에 참여했습니다. 2017년에는 일본 유통업계에서 가장 높은 매출을 기록했던 '라쿠텐 슈퍼 SALE'의 종합 프로듀서로 최연소 취임(당시)하는 등, 거의 350명이나 되는 동기 중에서도 단연코 빠르게 출셋길에 올랐다고 자부할 수 있습니다.

그러나 출셋길에 오를 수 있었던 이유는 **제가 탁월했기 때문이 아닙니다. 그저 허세를 부리는 능력이 뛰어나서였지요.**

예컨대 저는 상사에게 "이런 일이 있는데, 할 수 있겠어?"라는 제의를 받으면, 반드시 "할 수 있습니다!" 또는 "식은 죽 먹기지요!"라며 재빨리 대답했습니다. 할 수 있다는 확신이 없어도, 허세를 부리며 즉시 "할 수 있습니다!"라고 단언해 놓고, 나중에 겨우겨우 완수해 냈습니다. 그렇게만 해도 상사는 '이 친구는 뭔가 좀 다른데'라고 여겼습니다.

저 말고 다른 동기는 어떻게 대처했을까요? "잠시 일정 한번 확인해 보겠습니다"라며 즉답을 피하거나, 조금 생각해 본 다음 "한 번 해 보겠습니다", "할 수 있을 것 같습니다"라고 대답하는 사람이 많았습니다. 딱 부러지게 대답하지 못한 이유는 어쩌면 실패할지도 모르는데 "할 수 있다"라고 단언해서는 안 된다고 생각했기 때문이었습니다.

하지만, 한번 생각해봅시다. 직속 상사가 '아무리 노력해도 해낼 수 없는 일'을 줄 가능성은 거의 없고, 어떤 일이건 결국은 온 힘을 다해야만 합니다. 즉, "할 수 있습니다!"라고 즉답을 하건, 상사를 조금 기다리게 한 다음 "할 수 있을 것 같습니다"라고 모호하게 대답하건 결국 할 일은 똑같다는 말입니다.

그렇다면 허세일지언정 "할 수 있습니다!"라고 즉답을 하는 편이 당연히 좋지 않을까요?!

상사로서도 자신 없는 말투로 "할 수 있을 것 같습니다"라고 대답하는 부하보다는 빼는 일 없이 언제나 "할 수 있습니다!"라고 시원스레 대답하는 부하 쪽이 더 믿음직스럽고, 좋게 평가하는 것이 당연합니다. 저는 이런 허세 덕에 제대로 된 실적이라곤 없던 시절부터 다른 사람들이 '이 녀석은 뭔가 다르다'라고 착각하게 만드는 데 성공했고, 일찍부터 규모가 큰 프로젝트를 맡을 수 있었습니다.

20대 후반에 **독립해 창업한 뒤에도 허세는 저에게 최대의 무기가 되어 주었습니다.**

비슷한 시기에 독립한 프리랜서 동료들이 대개 고객에게 저자세를 보이며 '부족한 점이 많겠지만, 잘 부탁드리겠습니다' 같은 태도로 계약을 맺었지만, 저는 독립한 0일째부터도 강한 태도로 영업을 지속해 왔습니다. 일이 없어 금전적인 곤란을 겪더라도, 단가가 낮은 일은 모두 거절하고, "저는 라쿠텐에서 이 정도의 일을 해왔기 때문에, 대기업이나 그에 준하는 예산이 있는 회사만 상대합니다"라고 대응해 왔습니다.

그 결과는 어떻게 되었을까요?

겸허한 태도로 대응했던 지인은 고객에게 "상당히 자신이 없어 보이는데, 일의 퀄리티는 괜찮은 것이 맞나?"라며 의심받았고, 심지어 '이런 태도라면 조금쯤은 무리한 요구를 해도 되겠군'이라고 인식되어, 낮은 예산으로 착취를 당하기도 했습니다. 한편, **거만한 태도로 허세를 부렸던 저에게는 단가가 높고 수익도 좋은 일들이 몰려들기 시작했습니다.**

일만 아니라 사생활에서도 겸허한 자세 일변도보다는 허세를 부리는 사람 쪽이 확실하게 이득을 봅니다. 자신이 마치 거물이라도 된 양 행동하는 사람은, 음식점에서도 호텔에서도 소중한 대접을 받지만, 너무 공손하게 구는 사람은 어디에 가서도 무시당하는 처지에 이릅니다.

사람 간의 사귐도 마찬가지입니다. 친한 친구 그룹 속에서도 모두에게 인정받는 사람과 '이 녀석은 아무렇게나 대해도 괜찮아'라고 여겨지는 사람이 있을 것입니다. 그 차이가 뭘까요? 바로 허세를 부릴 수 있는가 아닌가입니다. 평소 하기 어려운 말을 제대로 할 줄 알고, 자신의 철학이나 가치관을 제대로 발언하다 보면, 친구들 사이에서도 '이 사람은 적당히 대하면 안 되겠다'라는 분위기가 형성됩니다.

그래서 저는 일부러 Facebook이나 X(옛 Twitter)에서 다른 사람이 꺼내기 어려워하는 시사 주제나 생각을 말하려 합니다. 일본에서는 종종 '정치와 종교, 야구 이야기는 하지 마라'라고들 하지만, 오히려 이처럼 민감한 주제에 제 입장을 명확히 밝힘으로써 '품격'을 기를 수 있습니다.

예컨대 저는 가끔 Facebook에 "신뢰받고 싶다면 돈을 빨리 지불해라" 같은 이야기를 합니다. 일본인은 돈과 관련된 주제는 터부시하는 경향이 있는데, 그렇기에 오히려 공적인 장소에서 이야기합니다. 그렇게 함으로써 제가 연회에서 간사를 맡으면 모두가 돈을 빠르게 내지요.

세상에 남보다 몇 배나 뛰어난 사람은 없다! 그렇게 '보이는 것'뿐이다

제 이전 직장인 라쿠텐은 일본의 유명 경제잡지인 〈도요게이자이〉 온라인에서 조사한 '입사하기 어려운 대기업 랭킹'에서 생활소비재 기업 카오와 아사히 맥주 같은 기업을 제치고 85위를 차지했으며, 엔지니어들의 취업 난이도를 평가하는 '취업 편차치(편차치란 특정 분야의 서열을 평가하는 지표로 평균 수준이 50, 60 이상이면 높은 수준임 - 옮긴이) 랭킹'에서 편차치 69를 받을 정도로 수많은 일본 기업 중에서도 특히 입사하기 어려운 기업으로 여겨집니다. 그 좁은 문을 돌파했다는 사실만으로도 함께 일했던 동료들 모두가 평균 이상의 능력자라고 생각합니다.

하지만 그 동료들이 탁월하게 뛰어난가 하면, 모두 그런 것은 아닙니다. 영어를 잘하거나, 프레젠테이션을 잘하는 등 무언가 잘하는 분야가 있었지만, 다른 사람의 몇 배씩이나 일을 해내는 사람은 없었습니다.

라쿠텐의 창업자인 미키타니 히로시 사장님도 마찬가지였습니다. 일부 직원들은 미키타니 사장님은 비견할 바 없이 뛰어나고, 자신들이 100년 동안 노력해도 도달할 수 없는 신 같은 존재라며 숭배하기까지 했습니다. 그러나 제가 보기에 능력 면에서는 보통 사람 — 좋게 봐주어야 다른 사람보다 1.2배나 1.3배 정도 뛰어난 정도 — 에 지나지 않았고, 이렇게 말로 표현하기에는 송구스럽지만 '저 정도면 나도 할 수 있을 것 같은데'라고 생각하기도 했습니다.

미키타니 사장님뿐만 아니라, 제가 지금까지 만났던 모든 경영자나 유명인 중 다른 사람보다 몇 배나 뛰어난 사람은 아무도 없었습니다. 평균 대비해서는 능력이 좀 더 좋을지는 모르지만, 어디까지나 '보통 사람' 범주에 속하지, 평범한 사람의 2배, 3배나 되는 능력을 갖춘 것은 아니라는 말입니다.

그렇지만 미키타니 사장님을 비롯해 비즈니스에서 성공한 경영자 대부분은 '다른 사람보다 몇 배나 뛰어난 사람'이라고 평가받습니다. 그 사람들이 지닌 특별한 재능은 바로 그런 부분입니다. ==분명 비교할 수 없을 만큼 뛰어난 것은 아닌데, 허세를 잘 활용해서 '보통 사람보다 몇 배나 뛰어난 사람'이라고 착각하게 만드는 것이지요.==

'그럴 리가 없어. 미키타니 사장님만 봐도 다른 많은 사장과 비교해 봐도 보이는 것뿐만 아니라, 실제 성과도 내고 있는데!'라고 생각할 수도 있겠지만, 그 역시 허세가 포함된 실적입니다. ==커다란 실적을 올리려면 커다란 기회를 부여받아야만 하니까요.==

비슷한 능력치를 갖춘 직원 여럿 중 누구에게 큰일을 맡길지 고민할 때는 겸손함을 어필하는 사람보다 자신만만하게 "할 수 있습니다!"라고 허세 부리는 사람에게 기회를 줄 확률이 확연히 높습니다. ==허세가 기회를 부르고, 실적의 기반이 되는 것이지요.==

저 역시 마찬가지였습니다. 라쿠텐에는 350명이나 되는 동기가 있었고, 그중에는 도쿄대 출신, 교토대 출신 등 수재들이 즐비했습니다. 보통 사람의 몇 배씩이나 뛰어나다고 할 수는 없어도, 저보다 기획력이 뛰어난 사람, 저보다 센스가 좋은 사람, 저보다 영어를 잘하는 사람, 저보다 소통을 잘하는 사람이 넘쳐났습니다.

하지만 그 350명 중에서 가장 좋은 평가를 받은 사람이 바로 저였습니다. 모두 같은 금액을 보너스로 받는 입사 초와는 달리, 입사 2년 차부터는 평가에 따라 보너스 금액이 달라지는데, 그 금액에 차이가 생기는 첫 평가에서 제가 동기 중 가장 높은 금액을 받았지요.

저와 다른 동기들이 어떤 이유로 격차가 생겼는지를 살펴보면, 무조건 허세 때문이라고밖에 할 수 없습니다. 모두 비슷하게 일을 하고, 비슷한 성과를 내는 와중에 ==저만 남다른 평가를 받을 수 있었던 이유는 '보여주는 방법'이 탁월했기 때문입니다.== 상사가 업무 의사를 타진할 때 "할 수 있습니다!"라고 즉시 답한다거나, 숫자를 보여주는 방법(상세한 내용은 제2장에서)을 궁리함으로써 '이 친구는 다른 신입사원과 다르다'라는 인상을 주는 데 성공한 것이지요.

라쿠텐만이 아니라 다른 어떤 회사였더라도 같은 결과를 끌어낼 수 있었을 거라 확신합니다.

이를 시험해 보고 싶다면 여러분의 회사에서 '위'에 있는 사람들을 떠올려 보십시오. 그 사람들이 다른 직원들의 몇 배나 능력이 뛰어난가 하면 그렇지는 않을 것입니다. ==위에 있는 사람들은 2배로 뛰어난 것이 아니라, 2배로 뛰어나게끔 보여주는 기회를 잡고, 성과를 내어, 지금의 지위까지 도달한 것입니다.==

'착각'의 힘을 잘 이용하면
평범한 상품도 폭발적으로 팔린다

사람이나 상품을 실제보다 더 좋게 보이게 하는 허세의 기술은 모든 업계에서 응용할 수 있습니다. 온라인 유통업계가 특히나 허세와 궁합이 좋은데, 히트 상품은 모두 허세에서 시작되었다고 해도 과언이 아닐 것입니다.

그럴 만도 한 것이 온라인 유통업계에서는 상품을 직접 확인할 수 없으므로, 소비자는 사진만 보고 살지 말지 판단해야 합니다. 실제로 효과가 있는 상품이 아니라 '효과가 있을 것 같은 상품'을, 실제로 먹었을 때 맛있는 상품이 아니라 '맛있어 보이는 상품'을 사는 것이지요. 이 때문에 판매자 측은 ==소비자가 자사 상품이나 서비스를 '좋다'라고 여기게끔 허세의 기술을 구사할 수 있어야 합니다.==

라쿠텐이 운영하는 온라인 유통 플랫폼인 라쿠텐 이치바에서도 허세를 잘 활용한 상품이 많이 팔립니다. 디자인이나 품질이 좋은 상품보다 '이 상품은 뭔가 좋아 보인다'라거나, '엄청 많은 사람이 이 상품을 사고 싶어 하네'라고 착각하게 만드는 상품이지요.

온라인 유통업계에서 사용하는 허세의 기술은 아주 다양하지만, ==그중에서도 효과가 가장 높은 것이 '○○감수'라는 허세입니다.==

예컨대 건강식품이나 운동 기구 중에는 상품 페이지에서 대대적으로 '의사 감수'를 홍보하는 상품이 있습니다. 무슨 무슨 병원 원장이 실명과 사진을 걸고 "이 상품은 의학 정보를 기반으로 개발했습니다"라고 그럴듯하게 말합니다. 그러면 소비자들은 '의사가 추천하니까 당연히 좋은 상품이겠지'라고 착각하고, '비슷한 상품은 많지만, 의사가 직접 감수했다고 하니까 이 상품을 사는 게 낫겠어'라고 판단해 구매하게 됩니다.

하지만 좀 더 상세히 들여다보면 감수라고 해봤자 의사가 전면적으로 개발에 참여한 것도 아니고, 대부분은 제조사가 '감수 알선

업자'에게 일정 금액의 수수료를 지불하고 의사의 이름과 얼굴 사진을 빌리는 정도에 지나지 않습니다. 아무리 그래도 의사가 너무 허접한 상품에 자기 이름을 빌려주기는 싫어서 조금은 확인할 수도 있겠지만, 소비자가 생각하는 만큼 상품 개발에 깊게 연관되어 있지는 않다는 말입니다.

온라인 유통 사이트 말고도 신용카드 비교 정리 사이트 같은 곳에서도 이러한 방법을 잘 활용합니다. 페이지 하단에 '변호사 누구누구 감수'라고 쓰여 있기만 해도 사용자가 '변호사가 감수했다면 믿을 만하다'라고 착각하므로 이 역시 의사 감수와 비슷하게 변호사는 그저 이름만 빌려줄 뿐, 대부분 그 내용에는 신경 쓰지 않습니다. 이런 사이트는 '변호사 감수'라는 단어만 넣어두면 그것만으로도 SEO(Search Engine Optimization, 검색 엔진 최적화 - 옮긴이)나 컨버전(Conversion, 방문자가 웹사이트나 앱에서 원하는 행동을 취하는 것을 가리킴. 예를 들어 상품 구매, 회원 가입 등의 행동이 있음 - 옮긴이)이 조금이라도 향상되기 때문에 그런 목적으로 감수하는 것이기도 합니다.

이처럼 '○○감수' 등은 실상을 알고 나면 대부분 특별한 의미가 없지만, 그런 사정을 모르는 사람은 대부분 '○○감수라면 믿을 만하지'라고 착각하므로 큰 효과를 발휘하는 허세라 할 수 있습니다.

6

일본에서는 소수의 허세쟁이가 좋은 기회를 독차지한다

허세가 효과를 발휘하는 데는 다양한 방법이 있습니다. '○○감수'처럼 타인의 권위를 빌리는 방법도 있고, "할 수 있습니다!"라고 즉시 답해 주변과 격차를 벌리는 방법도 있으며, 높은 가치를 붙여 '분명히 좋은 상품일 거야'라고 착각하게 만드는 방법도 있지요.

이 책에서는 이 같은 허세의 기술을 소개하고자 합니다. 그 전에 우선 **'허세란 무엇인가'**를 확인해 보고자 합니다.

사전에서는 '실속이 없이 겉으로만 드러나 보이는 기세'라고 설명하는데, 제가 말하는 허세는 겉으로만 드러나 보이는 기세가 아닙니다. 또 많은 사람이 생각하듯이 거짓말을 하거나 과장해 상대방을 속인다는 의미도 아닙니다. 앞에서 언급했던 '○○감수'조차 소비자를 속여서 형편없는 상품을 파는 것이 아니라, 어디까지 상품이 지닌 장점을 소비자가 쉽게 이해하게 만드는 수단으로 활용하는 것뿐입니다.

제가 생각하는 허세란 사람이나 상품이 지닌 장점을 효과적으로 어필하기 위한 것으로, 상대방에게 '이 사람(상품)은 좋아 보이네'라는 인상을 심어주기 위한 수단입니다.

이렇게 허세를 부려야 하는 이유는 인간이건 상품이건 자신이 지닌 능력이나 성능만으로는 크게 차별화하기가 어렵기 때문입니다. 물론 최고급과 최하급을 비교하면 하늘과 땅 차이겠지만, 승부를 내거나 비교할 대상은 늘 '비슷한 수준의 사람이나 상품'입니다. 그런 도토리 키재기 상황에서 압도적인 평가를 받으려면 상사나 고객에게 '이 친구는 뭔가 다른데'라는 인상을 주거나, 소비자가 '이 상품은 엄청 좋을 것 같다'라고 여기게 만드는 것처럼 뭔가의 계기가 있어야 합니다.

그 계기를 만드는 수단이 바로 허세입니다. '○○감수'도, 상사에게 "할 수 있습니다!"라고 즉답하는 것도, 상품의 가치를 시세보다 높게 설정하는 것도, 모두 상대방에게 강한 인상을 주고 좋은 인상을 심어주기 위한 것입니다.

물론, 아무리 첫인상이 좋아도 실제로는 속이 텅텅 비어 있다면 금세 정체가 탄로 나게 되므로, **허세를 부려 뭔가를 입 밖으로 내뱉었다면 그 허세와 현실 사이의 간극을 '메워야' 합니다.** 허세를 부려 기회를 붙잡았다면 온 힘을 다해 노력하고, 그 과정을 통해 신뢰와 실적을 쌓아가라는 말입니다.

저 자신도 허세의 효과를 깨닫고 나서부터는 의식적으로 허세를 부리려 애쓰고 있습니다. 하지만 타고난 기질 때문에 예전부터 무의식적으로 실천해 왔던 허세도 있습니다. 바로 '내 의견을 확실하게 주장해, 주변 사람들의 눈에 띄는 것'입니다.

이런 점은 서양 사람들 관점에서 보면 허세도 뭣도 아니고, 누구나 당연하게 실천하는 소통의 기본이라고 할 수 있습니다. 하지만 일본에서는 속으로는 다른 생각을 하더라도 입으로 소리내 말하지 못하는 사람이 많습니다. 그러므로 **'자기 의견을 확실하게 주장한다'라는 당연한 일이 허세가 됩니다.**

하고 싶은 말이 있어도 주변 분위기에 압도되어 입 밖으로 꺼내지 못한다.

속으로는 '흑'이라고 생각하지만, 다른 사람들이 '백'이라고 말하니까 나도 '백'이라고 말할 수밖에 없다.

저는 일본 사회에 만연한 이러한 문화를 좋아하지 않습니다. 해야 할 말을 하지 못해서 사업이 악화하거나, 조직이 조금씩 망가져 가는 사례를 수도 없이 봐왔습니다. 직원 한 사람 한 사람은 우수하지만, 집단이 되면 멍청해지는 일은 일본 조직에서 아주 흔한 현상입니다. 이러한 현상의 원흉도 해야 할 말을 하지 않는, 본심을 숨기는 문화 때문이라고 생각합니다.

이러한 점은 저뿐 아니라, 많은 일본 사람이 깊게 공감하는 문제일 것입니다. 솔직한 입담을 구사하는 마쓰코 디럭스나, 독설이 트레이드 마크인 아리요시 히로유키 같은 방송인들이 텔레비전에서 그렇게 많이 나오는 것이 그 증거라 할 수 있습니다. 아무 말도 하지 않는 문화인 만큼, 모두가 일부러 입에 올리지 않는 말을 속 시원히 내뱉는 사람에게 갈채를 보내고 싶어지는 것이지요. 물론 그 사람들은 하나의 방송 캐릭터로서 그런 역할을 연기하는 것이기도 하지만, 그런 캐릭터가 계속해서 기용된다는 것은 어쨌든 **일본인이 허세를 부리**

==는 사람을 좋아한다는 의미라고== 생각합니다.

 '자신은 허세를 부리고 싶지 않지만, 다른 사람의 허세에는 약해서 허풍쟁이에게 금세 속고 만다'. 이런 일본인의 습성을 비즈니스에 살려야만 합니다.

 ==매력적인 허세쟁이가 되는 첫걸음은 하고 싶은 말과 해야만 하는 말을 확실하게 내뱉는 것입니다.== 가끔 인상 찌푸리는 사람도 있겠지만, 그런 반응을 보이는 사람은 극히 일부이며, 대부분은 허세를 긍정적으로 받아들여 당신을 '가능성 있는 사람'이라고 인정해 줄 것입니다.

7

허세의 반대말은 '정직', '겸허'가 아니라 '보신', '자학'이다

허세를 부릴 수 있는 사람과 부리지 못하는 사람 중에서는 부릴 수 있는 사람이 좋은 평가를 받습니다.

허세가 더해진 상품과 그렇지 않은 상품 중에서는 더해진 상품이 팔리지요.

이처럼 의심의 여지가 없는 사실을 들이대도 금세 '저는 힘들어요'라며 허세를 실천하지 않는 사람도 있습니다.

허세의 유용성은 인정하지만 자신은 하지 않는 이유를 살펴보면, 첫째로 상대방에 대한 예의나 배려를 들 수 있습니다. 물론 상대방과의 관계가 어떤지에 따라 허세를 자제하는 편이 좋을 수도 있습니다. 저 역시 때와 상황에 따라 허세를 봉인하고 겸손하게 행동하기도 하니까요.

하지만 제가 보기에는 허세를 실천하지 않는 사람은 대부분 상대방을 존중하기 위해 허세를 자제하는 것이 아니라, 그저 '다른 사람이 자신을 이상하게 볼까 봐', '눈에 띄기 싫어서'라는 이유로 입을 다물 뿐입니다. 이는 **겸손해서라기보다 자기 몸을 지키기 위한 보신(保身)에 불과하며**, 특별히 칭찬받을 만한 행동이 아닙니다.

또 다른 이유를 찾아보면 기본적인 소통 방법이 '자학'인 사람도 있습니다. 늘 자학하는 농담이나 멘트로 다른 사람과의 관계를 구축해 온 사람은 비즈니스 상황에서도 자기도 모르게 자학하는 버릇이 튀어나와서, 허세를 부릴 만한 상황을 만들어 내기 어렵습니다.

그러나 **비즈니스 상황이건 개인적인 상황이건, 자학 캐릭터로 이득을 보는 경우는 거의 없습니다.**

예를 들어, 어느 날 제 지인인 베테랑 카메라맨에게 '좋은 일'이 떨어졌습니다. 새로운 고객이 촬영을 의뢰했는데, 심지어 촬영료가 평소 그 사람이 받던 것의 거의 2배에 가까운 금액이었습니다. 그 카메라맨은 기뻐하며 그 의뢰를 받아들였고, 의욕적으로 촬영에 임했습니다.

문제는 당시 카메라맨의 언동에 있었습니다. 정성껏 허세를 부리며 자신이 얼마나 유능한지를 어필했어야 해도 모자랄 것을 "겨우 저 같은 카메라맨에게 이렇게 많은 촬영료를 주셔서 감사합니다"라고 말해버린 것이지요.

이 말을 들은 고객은 "그렇게 말씀하시면 저희가 불안해지네요"라고 쓴웃음을 지었고, 당연하게도 그 이후 추가 촬영 발주는 없었다고 합니다.

그 카메라맨은 "겨우 저 같은 카메라맨에게……"이라며 겸손을 떨어서 '겸허하고 느낌 좋은 카메라맨'을 연출하려는 의도였겠지요. 하지만 고객은 촬영을 발주할 때 카메라맨의 저자세를 바란 것이 아니라, 예산 내에서 가장 실력 좋은 카메라맨이 촬영을 맡아 주기를 바랐을 것입니다. 그 기대에 부응하기 위해서도 "이 업계에서는 제가 최고입니다" 이런 태도로 고객을 안심시켜야 했었던 것이지요.

이 사례에서도 알 수 있듯이 허세가 반드시 나쁜 태도는 아니며, **상대방을 위해서 허세를 부리는 편이 나은 일도 많습니다.** 만약 카메라맨이 이상한 자학을 하지 않고 자신감 넘치는 태도로 대응했다면 고객은 큰 배에 올라탄 듯이 안심할 수 있었을 테고, 카메라맨도 손이 큰 고객에게 신뢰를 얻을 수 있어서 Win-Win 관계를 구축할 수 있었을 것입니다.

90%의 사람이 몰라서 손해 보는 '운 좋은 사람'의 트릭

허세는 비즈니스 기회를 불러올 뿐만 아니라, 눈에 보이지 않는 운까지 불러들입니다.

컨디션이 나쁠 때, 많은 사람은 나쁜 상태를 그대로 인정하며 '오늘은 정말 컨디션이 나쁘네', '운이 나빠진 것 같아'라고 쉽게 말합니다. 하지만 크게 성공한 사람들일수록 부정적인 말은 일체 입에 담으려 하지 않습니다. 만일 속 쓰린 실패나 불운을 맞닥뜨리더라도 그 일을 낙관적으로 인식하고, 긍정적인 말로 바꾸어 입에 담으려 합니다.

예컨대 연말에 사업에 좋지 않은 일이 생겼다면, 일반 사람들은 "어휴, 연말에 이게 뭐야. 마지막을 이런 식으로 마무리하게 되다니"라고 한탄했을 것을, 성공한 사람은 "연말에 액땜을 거하게 했으니, 내년에는 기대해 봐야겠어"라는 식으로 ==부정적인 요소를 긍정적으로 해석해 말하는 것이지요.==

이런 태도는 두 가지 효과를 기대할 수 있습니다.

우선 첫 번째로는 대외적인 효과입니다. 보통 불평불만만 입에 담는 사람보다는 컨디션이 나쁘더라도 웃는 얼굴을 유지할 수 있는 사람과 함께 일하고 싶다고 생각하므로, ==긍정적인 허세를 부리는 사람에게는 그만한 인맥과 기회가 펼쳐지게 됩니다.==

또 한 가지 효과는 자기 암시입니다. 자기 입에서 나오는 말을 가장 가까이서 듣는 사람은 바로 자신이므로, "컨디션이 나쁘다"라고 계속해서 말하다 보면 점점 기분이 가라앉고 맙니다. 반대로 ==허세라 하더라도 "좋다, 좋아~"를 연발하다 보면, 그 말을 자기 자신에게 들려주게 되므로 기분이 좋아집니다.== 말에 힘이 있다고 하는 '언령'의 정체가 바로 이런 것 아닐까요.

마지막으로 허세로 한 말이 현실이 된 사례 한 가지를 소개하겠습니다.

일본에서는 얼마 전부터 포커 붐이 일어, 많은 경영자가 포커에 빠졌습니다. 자신이 가지고 있는 칩을 어떻게 사용할지, 어디에서 승부를 볼지, 어디서 액셀을 밟을지처럼 포커에는 경영의 축소판 같은 부분이 있기 때문인 것 같습니다.

포커 대회는 전 세계에서 개최되는데, 국내 대회는 상금이 적어서 많은 플레이어가 해외에서 승부를 겨룹니다. 그중에서도 최근 시미즈 노조미라는 포커 플레이어가 빠르게 두각을 나타내고 있습니다. 시미즈 노조미는 20대에 창업한 IT 기업을 상장시켰을 정도로 뛰어난 경영자입니다. 포커 플레이어로서의 경험은 짧지만, 작년에 일본인 중 최고라 할 수 있는 2억 엔 가까운 상금을 벌어들여 '일본 플레이어 오브 플레이어 2023'에 선발되기도 했습니다.

시미즈는 포커 기술보다 언어 퍼포먼스가 더 놀라운데, 플레이 중에 항상 "할 수 있어! 파동!"이라고 외치며 자신의 기운을 돋우고, 정말로 높은 확률로 눈앞에 있는 카드를 맞춥니다. 강한 포커 플레이어에게는 많든 적든 이러한 일면이 있으며, 만약 질 확률이 없는 상황에서 진다고 해도, 결코 우는소리를 하지 않고 항상 긍정적인 언동을 사수합니다.

포커가 운의 게임이라고 여기는 사람이 많지만, 강한 운을 지닌 포커 플레이어는 운을 그저 하늘에만 맡기는 것이 아니라, **긍정적인 허세를 부려 스스로 운을 끌어당깁니다.**

허세를 부리기만 하면 비즈니스에서의 성공도, 충실한 개인사도, 도박에서 이기는 데 필요한 운까지도 손에 넣을 수 있다는데 하지 않을 이유가 없지요.

허세는 작은 비결만 깨달으면 누구나 실천할 수 있고, 금세 효과를 실감할 수 있는 가장 가성비 좋은 사업 전략이자 처세술입니다. 이 책에서는 공사를 막론하고 다양한 방면에서 효과적으로 허세를 부리는 방법을 아낌없이 소개하도록 하겠습니다.

제 1 장

'허세력'이란 보여주는 방식과 현실의 간극을 메우는 기술이다

궁극의 허세는
인상을 조작하는 것!
상대방의 '기대치'를 조절하자

실적이 비슷해도 상사나 고객에게 "잘한다"라고 평가받는 이가 있는가 하면, "별 볼 일 없다"고 느껴지는 사람도 있습니다. **이 차이는 대체 어디서 오는 걸까요? 바로 허세를 부리는가 부리지 않는가에서 옵니다.**

허세력이 있는 사람은 상사나 고객의 '기대치'보다 웃돌게끔 조절해, "과연 기대한 대로다" 또는 "기대 이상으로 잘한다!"라고 평가받습니다. 하지만, 허세의 기술이 부족한 사람은 상대방이 '기대치'를 마음대로 설정하게 내버려두기 때문에, 비슷한 성과를 올려도 '이 정도 하는 게 당연'하다든지 '더 좋은 성과 낼 줄 알았는데…'

따위의 평가를 받고 맙니다.

이게 어떤 의미인지 다이어트를 예로 들어 설명해 보겠습니다.

체중이 100kg 나가는 사람이 다이어트를 하겠다고 결심했다고 합시다. 이때 허세를 부리는 데 능숙한 사람은 "무조건 한 달 안에 5kg 빼겠습니다!"라고 선언한 다음 다이어트를 시작하고, 실제로도 말한 만큼 살을 뺍니다. 그러면 주변 사람들은 "대단하다, 정말로 한 달 만에 5kg을 뺐어!"라고 감탄하며, "이 사람은 말하는 건 다 실천하는구나, 신뢰할 수 있는 사람이야!"라고 평가하게 됩니다. 이는 '1달 안에 5kg 빼면 성공'이라며 주변의 기대치를 미리 조절해 두었기 때문입니다.

그러나 허세를 잘 부리지 못하는 사람은 어떨까요? 별다른 말 없이 묵묵히 다이어트에 도전하는 '묵언수행' 타입의 사람은 똑같이 한 달 안에 5kg 감량에 성공하더라도 아무런 칭찬도 받지 못합니다. 체중 100kg인 사람이 95kg이 되어봤자 다른 사람은 잘 알아보지도 못할뿐더러 실적으로 인정받지도 못하는 것이지요.

그렇다고 너무 원대한 목표를 세워서도 안 됩니다. '한 달 안에

30kg을 빼겠습니다!'라고 선언했는데, 실제로는 25kg을 감량했다면, 주변 반응이 어떨까요?

한 달 안에 25kg을 감량한 것도 대단한 일이지만, 대부분 사람은 '30kg을 빼겠다더니 25kg밖에 못 뺐네'라며 남은 5kg에 주목하게 됩니다. 한 달 안에 5kg을 감량하는 것보다 25kg을 감량하는 편이 훨씬 대단한 일인데도 "5kg 빼겠다"라고 선언한 다음 실행한 사람이 더 높은 평가를 받게 되는 것이지요.

현실적인 목표를 '업적'인 양 착각하게 만드는 허세의 기술

비즈니스 현장에서도 기대치만 잘 조절하면 상대방에게 좋은 인상을 줄 수 있지만, 그렇게 허세를 부리지 못하는 사람은 손해를 보게 됩니다.

예컨대 저는 기업 YouTube 채널 프로듀싱을 할 때 "반년 후 채널 구독자 수 1000명 달성하는 것이 목표입니다. 이 목표만 달성해도 모든 YouTube 채널 중 상위 1%인 셈이니 정말 대단한 일입니다!"라는 점을 처음 시작할 때 반드시 언급합니다.

이런 이야기를 하는 이유는 일반 사람이 YouTube 구독자 수라는 말을 들었을 때 '히카킨 1700만 명', '하지메샤쵸 1100만 명'처럼 유명 유튜버들의 구독자 수를 떠올리기 때문입니다. 반년 동안 1000명이라고 하면 '채널이 전혀 성장하지 않았잖아. 컨설팅을 하는 의미가 있는 건가?'라고 생각하기 때문입니다.

그런 클레임이 발생하지 않게 하고자 '반년 사이에 구독자 수 1000명을 달성하면 대성공'이라며 고객 기대치를 낮게 설정한 다음, 반년 후에 1500~2000명을 달성할 수 있게끔 설계합니다. 그리고 "구독자 수 1500명은 상위 1%를 500명이나 넘는 숫자로, 상위 1% 중에서도 톱클래스입니다!"라고 보고하면, "오하라 씨에게 프로듀싱을 부탁하길 잘했다"라며 기뻐하게 되지요.

같은 업계에서 일하는 사람 중에도 이러한 허세의 기술을 갖추지 못한 사람은 상당히 고전합니다. 지인 중에 YouTube 컨설팅을 시작하려는 분들이 있는데, 살펴보면 역시나 처음에는 '반년 동안 구독자 1000명'의 벽을 넘지 못해서 힘겨워합니다.

애당초 YouTube 알고리즘은 새로 설립한 신규 채널이 주목받기 힘든 구조입니다. 아무리 유망한 채널이더라도 초기 반년에서 1년 정도는 꾸준히 실적을 쌓아 올려야만 합니다. 제 YouTube 채널도 지금이야 구독자 수 12만 명을 넘었지만, 처음에는 반년 동안 1000명, 1년이 지나서야 겨우 1500명 정도를 달성했습니다.

컨설팅을 할 때는 처음부터 이런 실정을 정확하게 전달하고, 고객이 YouTube에 대해 가지고 있는 인상을 재구축해야 합니다. 그러지 않으면 고객에게서 "기껏 부탁했더니 전혀 성장하지 않았잖아!"라고 원망을 들을 수도 있습니다. 실제로도 제 지인이 그런 클레임을 받아, 700만 엔의 대형 계약이 도중에 해약된 적도 있습니다.

이러한 사정을 예방하려면 **현재 달성 가능한 작은 목표를 지속적으로 제안하고, "이는 결코 작은 목표가 아니며, 달성하기만 해도 대단하다"라는 점을 반드시 상대방에게 주지시켜야 합니다.** 목표를 명확하게 밝히지 않고 묵묵히 실행만 하는 것도, 반대로 "반년 동안 구독자 수 10만 명을 목표로 삼아 봅시다!"처럼 달성하기 어려운 허세를 부리는 것도 좋지 않습니다.

허세라고 하면 원대한 목표를 앞세워 상대방을 압도하는 이미지를 떠올리기 쉽지만, 허세가 꼭 그런 것만도 아닙니다. 커다란 허세는 어디까지나 목표나 방향성을 내세워 강한 인상을 남기기 위한 퍼포먼스에 불과합니다. ==실제 비즈니스 현장에서는 작은 허세(현실적인 목표)를 마치 대단한 목표인 양 착각하게 만들고 조금씩 달성해 나감으로써 '이 사람은 허세를 현실로 만드는 힘이 있구나'라고 여기게 만드는 것이 중요합니다.==

이처럼 '허세의 크기'를 잘 나누어 사용하기로 유명한 사람이 바로 코미디언 킹콩의 니시노 씨입니다. 니시노 씨는 '디즈니를 넘어서겠다!'라며 커다란 허세를 내세워 주변을 매료시키는 한편, 작은 허세(창작 활동)를 계속해서 실천해 나감으로써 착실하게 목표에 가까이 가고 있습니다. 그 밖에도 만화 『원피스』의 주인공 루피는 '해적왕이 될 거야'라는 거대한 허세를 부리면서, 작은 허세(대결에서 승리)를 달성하며 주변의 신뢰나 경외심을 불러일으킵니다.

비즈니스에서 허세를 부릴 때는 이처럼 '허세의 크기'를 구분해 사용하는 것에 유의해야 합니다.

3

『벌거벗은 임금님』의 재단사는 일류 마케터

여러분은 안데르센의 동화 『벌거벗은 임금님』의 내용을 익히 알고 계실 것입니다.

멋쟁이에 명예욕이 가득한 임금님 곁에 2명의 재단사가 찾아와, "저희는 '어리석은 사람에게는 보이지 않는 천'으로 세상에서 진귀한 옷을 만들 수 있습니다"라고 말합니다. 임금님은 크게 기뻐하며 옷을 만들라고 명령하고, 그 옷을 입었다고 여기며 퍼레이드를 합니다. 사실 재단사는 사기꾼이었고, 처음부터 천도, 옷도 존재하지 않았지만, 임금님도 신하도 백성들도 자신이 어리석은 사람이라고 여겨지고 싶지 않았기 때문에 누구 하나 "안 보인다"라고 입 밖으로 내뱉지 못했습니다. 그런 와중에 어린아이가 "임금님이 벌거벗었다!"라고 외쳐, 사람들에게 진실을 깨닫게 한다는 내용이지요.

이 이야기는 주변에 휩쓸리지 않고 자기 의견을 말하는 것이 얼마나 중요한지, 주변을 예스맨만으로 채우는 것이 얼마나 위험한지 등 여러 가지 교훈을 담고 있는 동화라고 알려져 있습니다. 하지만 저는 이 이야기를 읽으며 임금님의 어리석음보다 재단사의 유능함에 탄복했습니다.

재단사는 허세력을 발휘해 사전에 모든 국민이 '어리석은 사람에게는 보이지 않는 옷'이 존재한다고 믿게 하고, 임금님이 완벽한 나체인데도 모두가 "임금님은 훌륭한 옷을 입고 있다"라고 찬양하게 합니다. 이른바 **허세로 세상을 움직인 것입니다.**

적어도 재단사는 한 나라의 정점에 있는 임금님에게 "어리석은 자에게는 보이지 않는 옷"을 이야기하고, 무사히 주문을 받은 뒤에는 '보이지 않는 옷'이라는 허세를 현실로 만들기 위해 사방팔방으로 소문을 퍼트렸습니다. 우선 유력한 귀족부터 시작해, 마지막으로는 대중에 이르기까지 "임금님은 이번 퍼레이드에서 '어리석은 사람에게는 보이지 않는 옷'을 입는대"라는 사실을 주지시킴으로써, 어떤 종류의 붐을 만들어 낸 것입니다.

그리하여 모두가 '어리석은 사람에게는 보이지 않는 옷'을 믿게 되었고, 그 순간 사회의 상식은 변했습니다. 재단사가 현대에 살아 있었다면, 분명 소름 끼칠 만큼 유능한 마케터로 활약했을 것입니다.

'현실에서 그런 바보 같은 일이 벌어질 리가 없지'라고 생각하는 분도 계실지도 모르겠습니다만, 실제로 요즘 일본에서 비슷한 사태가 발생했습니다. 코로나 사태 때 일어난 마스크 소동입니다.

2020년 초에 신종 코로나 바이러스 감염증이 유행하기 시작한 뒤 2023년 5월에 '5급 감염병'으로 격하되기까지 약 3년 동안 많은 일본인이 마스크를 착용했고, 음식점에는 가림막이 설치되었으며, 편의점이나 작은 가게의 계산대에는 비닐 커튼이 쳐져 있었습니다.

그렇다면 해외에서는 당시 분위기가 어땠을까요? 저는 코로나 사태 동안 몇 번인가 해외를 다녀왔는데, 온 나라 국민이 100% 마스크를 착용하고 있었던 것은 일본뿐이었습니다. 유럽, 특히 프랑스에서는 누구도 마스크를 착용하지 않았고, 오히려 마스크를 착용하고 있으면 이상한 눈으로 쳐다보는 분위기였으며, 미국에서는 아크릴판을 설치한 음식점이 한 군데도 없었습니다.『벌거벗은 임금님』의 대중이 '어리석은 자에게는 보이지 않는 옷'을 믿었던 것처럼, 현대의 일본인도 '마스크나 가림막 효과'를 너무 믿었던 것은 아닐까요?

애당초 일본인의 국민성 자체가 겸손한 사람을 좋아하고, 허세 부리는 사람에게는 '허풍 떤다', '겸손이 부족하다'라고 말하며 눈살을 찌푸립니다. 유소년기부터 이러한 분위기에서 자란 많은 일본인이 허세에 내성이 부족하기 때문인지, 빤한 허세에도 쉽게 속아 넘어갑니다. 저는 코로나 사태 때의 마스크 신앙이 바로 그 정점이 아닐까 생각합니다.

하지만 허세에 약한 국민이 많은 것은 허세를 부리는 사람에게는 오히려 긍정적인 상황입니다. 이왕 그런 나라에서 살고 있다면, **허세에 당하는 쪽이 아니라, 허세를 부려 모든 사람을 집어삼키는 쪽이 되면 됩니다.**『벌거벗은 임금님』의 재단사처럼, 허세력을 발휘해 "임금님은 벌거벗었다"라고 말하기 어려운 분위기를 만들고, 자신이 고안한 규칙을 퍼트리는 것이지요.

한 병에 수백만 엔의 가치를 자랑하는 와인의 허세력

그렇다면 여기서 허세가 비즈니스 상식을 바꾼 사례를 소개해 보겠습니다.

저는 1년 정도 전부터 와인에 빠져서 종종 와인을 마십니다. 일상적으로는 한 병에 몇천 엔 정도 하는 와인을 즐기지만, 기념일 등에는 조금 분발해 한 병에 수십만 엔 정도 하는 고급 와인을 마실 때도 있습니다.

그 맛이 어떤가 하면, 물론 맛있습니다. 하지만 슈퍼마켓에서 흔하게 판매하는 1000엔이나 2000엔 정도의 와인과 비교했을 때 그 맛이 100배, 1000배 정도로 대단한가 하면 그렇진 않고, 정말 조금 균형이 더 좋아서 풍부한 맛을 즐길 수 있다는 정도입니다. 겨우 그 정도의 차이로 가격이 100배, 1000배나 차이 나는 것이 와인의 세계입니다.

제가 이 책 서두에서 에르메스의 사례를 들며 '좋은 상품이라서 비싼 것이 아니라, 비싸기 때문에 좋다고 착각할 뿐이다'라고 서술했는데, 와인도 마찬가지라 할 수 있습니다. 맛 등의 스펙이 100배 뛰어나기 때문에 100배의 가치가 붙는 것이 아니라, **허세로 비싼 가격을 붙여놓고 '이 가격이라면 맛있을 것이 틀림없어'라고 착각하게 만드는 것에 지나지 않습니다.**

심지어 보르도 와인은 에르메스보다 훨씬 짧은 기간 동안 초고급 브랜드의 지위를 공고히 다졌습니다. 보르도 와인 중에서도 특히 희소가치가 높다고 평가받는 샤토 페트뤼스 와인은 1980년대에는 기껏해야 한 병에 1만 엔 정도였지만, 요즘에는 수백만 엔 이상으로 거래될 정도입니다.

겨우 40년 만에 그 가치가 수백 배나 뛰어오른 이유로 이번 세기에 들어서서 중국 부유층이 와인을 사재기하기 시작했고, 투자가들이 와인을 자산으로 인식하기 시작했기 때문이라는 이야기가 정설로 받아들여지고 있지만, **가장 큰 이유는 바로 허세 때문입니다.** 중국 시장의 수요 급증한 것을 계기로, 지금이 적기라고 판단한 와이너리들이 말도 안 되는 가격을 붙이기 시작한 것입니다.

만약 일본이었다면 어땠을까요? 아리타 도자기나 최고의 화과자로 평가받는 이세의 아카후쿠처럼 예로부터 장인들이 만들어온 공예품이나 칠기가 해외에서 인기를 얻었다고 갑자기 가격을 10배, 20배, 100배로 올릴 수 있었을까요? 나도 모르게 죄책감을 느껴서 '그건 너무하다'라고 생각하지 않을까요?

하지만 프랑스의 와이너리는 달랐습니다. 중국에서 수요가 급증한 것을 기회로 받아들여, 지금이야말로 허세를 부릴 때라고 인식한 이후, 어떤 해에는 한 번에 10배 이상으로 급격하게 가격을 인상했습니다. 그것이 쌓이고 쌓여 지금에는 한 병에 100만 엔, 빈티지는 1000만 엔에 거래되는 와인이 탄생하게 된 것입니다.

대부분의 일본 기업은 이처럼 수요에 따라 대담하게 가격을 인상하기로 결심하는 일은 없었지만, 최근 들어서는 슬슬 '허세를 부려

가격을 높여도 좋다'라는 점을 깨닫는 기업이 생겨나기 시작했습니다. 도요스 시장에 있는 음식점이 대표적 사례입니다. 이곳에서 관광객을 상대로 파는 해산물 덮밥의 가격은 5000엔인데, 이는 SNS나 텔레비전 뉴스에서도 큰 화제에 올랐습니다. 일반적인 음식점에 비하면 몇 배나 높은 가격이기에 일본인들에게 "말도 안 되는 가격이다"라며 지탄받기도 했지요. 하지만 외국인 관광객들은 전혀 개의치 않고 해산물 덮밥에 5000엔을 기꺼이 지불하고 있습니다.

일본은 오랫동안 디플레이션이 이어져 온 만큼 많은 기업이 가격 인상에 신중합니다. 그러나 수요가 있는 곳에서는 허세를 부려 높은 가치를 붙이는 용기를 낼 필요가 있습니다. 예컨대 일부 고객이 떠난다 하더라도, **'비싸도 구매하고 싶다'라고 생각하는 우수 고객이 있다면 브랜드 가치는 높아지므로, 오히려 기업 체질은 강해집니다.**

세계적인 고급 브랜드에서 배우는 '한 단계 위'로 보이게 만드는 허세

저는 부유층을 대상으로 한 신사업(상세한 내용은 제4장에서)을 시작하기 위해, 최근 2~3년 정도 세계적인 명품 브랜드의 전략을 공부하고, 각지의 공장을 살펴보았습니다. 그중에서도 특히 샤넬과 루이뷔통에서 실제 실천하고 있는 **'한 단계 위로 보이게 만드는 허세'**가 많은 공부가 되었습니다.

샤넬과 루이뷔통은 슈퍼 모델이나 할리우드 여배우 같은 세계적인 톱 클래스 부자들까지도 선망하는 브랜드인 것처럼 보입니다. 하지만 실제로 이러한 브랜드를 가장 많이 사는 사람은 연봉 1500만 엔 정도의 준 부자 — 이른바 HENRYs(헨리즈)라고 불리는 고소득자이지만, 아직 부자는 아닌 사람들(high earners not rich yet)입니다. 진짜 부자들은 의외로 유니클로처럼 편안한 복장을 선호하거나, 브랜드 상품을 사더라도 한눈에 샤넬이나 루이뷔통이라고 알 수 있는 평범한 아이템은 고르지 않는 경향이 있습니다.

다시 말해, 샤넬이나 루이뷔통의 주요 고객층은 "샤넬 멋지다", "루이뷔통 좋은데!"라며 동경하는 준 부자층이며, 이를 본 중산층까지도 샤넬이나 루이뷔통을 구매합니다. 그래서 일본에서는 지방 도시의 양아치들이 엄청나게 큰 로고를 자랑하는 명품을 걸치고 있는 것이지요.

하지만 브랜드 측은 어디까지나 "우리 브랜드는 아주 럭셔리한 셀럽들을 위한 거야"라는 태도를 견지하며, "하지만, 너희 같은 일반인도 상대해 줄게"같이 한 단계 위에서 내려다보는 듯한 시선으로 판매합니다. 알고 보면 그 "상대해 줄게"에 해당하는 층이 가장 두터운 고객층인데도 말이죠.

만약 이러한 허세를 빼고, 진심만으로 판매한다면 어땠을까요? "여러분 같은 준 부자들이나 중산층이 우리 브랜드를 먹여 살리고 있습니다. 구매해 주셔서 감사합니다"라고 한다면, 그 순간 HENRYs도 중산층도 흥미가 식어 살 마음이 사라지고 말 것입니다.

사람은 언제건 한 단계 위에 보이는 절벽 위의 꽃을 욕망합니다. 유흥업소 같은 곳에서도 인기가 많은 사람일수록 고객에게 잘 보이려 하지 않고, "한 번 만나줄게요" 같은 자세를 취합니다. "와 주셔서 정말로 감사합니다. 아주 큰 도움이 되었어요"라고 하면 안 되고, "저는 더 높은 수준이지만, 당신과 시간을 보내주고 있는 거예요"라는 느낌이 가장 잘 팔리는 것이지요.

제가 자사 홈페이지나 상담용 자료를 만들 때, 카오, 코카콜라, P&G, 삼성 같은 대기업과 거래한 실적을 대대적으로 홍보하는 이유도 같습니다.

실제 매출 비율로 따지면 중소벤처기업 실적이 대부분이고, 대기업과는 가끔 일하는 정도라 하더라도, 보여줄 때는 일상적으로 한 등급 위의 일류 기업을 상대하는 듯하게 홍보합니다. 그 정도의 허세도 부리지 않으면, 대기업은 물론이고 **실제 타깃층인 중소벤처기업도 '이 회사에 의뢰하고 싶다'라고 생각하지 않기 때문입니다.**

어째서 NFT의 원숭이 그림과 클럽하우스의 허세는 지속되지 않은 것일까?

보르도 와인이나 샤넬은 자신의 가치를 실제보다 높게 보여주는 허세로 브랜드를 확립했지만, 이 방법이 언제나 잘 먹히는 것은 아닙니다.

예를 들어, 2년 전 즈음에 블록체인에서 거래되는 NFT 아트 '원숭이 그림'이 커다란 붐을 일으킨 적이 있습니다. 지금 와서 생각해 보면 별 특징도 없는 디지털 아트에 불과하지만, 당시에는 멋지다고 여겨져서 마돈나 네이마르 같은 저명인사들도 구매해 SNS의 아이콘으로 활용했고, 이로 인해 더 큰 인기를 얻었습니다. 2022년 1월에 저스틴 비버가 구입한 '원숭이 그림' BAYC(Bored Ape Yacht

Club)에는 실제로 130만 달러(약 15억 원)나 되는 가격이 책정되었습니다.

이것이야말로 허세의 힘입니다. 'NFT는 희소성이 높으니, 미래에는 반드시 비싸질 것이다', '세계적인 유명 인사도 이 그림을 사고 싶어 한다'라고 착각하게 만들어, 별다를 것 없는 원숭이 그림이 근대 미술 명화 수준의 가치를 인정받게 되었습니다.

2024년 현재 그 NFT는 과연 어떻게 되었을까요? 저스틴 비버가 샀던 '원숭이 그림' 가격은 마이너스 95%까지 대폭락했고, 마돈나 네이마르가 구매한 NFT도 85% 이상의 손실을 보았습니다.

미국에서 시작된 음성 기반 SNS인 'Clubhouse(클럽하우스)'도 비슷한 패턴으로 실패한 사례입니다. 2021년 1월 일본에 처음 상륙했을 때의 기세는 그야말로 놀라웠고, 유명 기업인이나 연예인이 누구보다도 빠르게 시작했으며, SNS에는 초대장을 받고자 하는 사람이 넘쳐났습니다.

인기의 비결은 '완전 초대제'였는데, 심지어 초창기 멤버는 유명한 셀럽이나 인플루언서로 한정하기도 했습니다. 즉, 클럽 하우스에 입장하려면 그처럼 특별한 사람에게 초대를 받아야만 했습니다. 그 특별함, VIP 느낌이 사람들의 마음을 사로잡았고, 일본을 필두로 세계 각지에서 앱 다운로드 수 1위를 기록했습니다.

하지만 막상 뚜껑을 열어보니 클럽 하우스는 단순히 개인의 라디오 앱에 불과했습니다. 유명한 셀럽이나 인플루언서에게 초대받았다는 사실을 SNS에서 과시할 때까지는 좋았지만, 실제로 사용해 보니 그다지 재미있지 않았던 것이지요. 눈 깜짝할 사이에 정체가 드러나, 지금에 와서는 클럽 하우스라는 말조차 들을 수 없게 되었습니다.

'섬네일 사기'에
해당하지 않을 정도의
아슬아슬한 선을 공략하라

NFT 원숭이도 클럽 하우스도 특별할 것 하나 없는 그림이나 앱을 대단한 것처럼 착각하게 만들어 순간적으로 많은 사람의 지지를 얻었습니다. 그 허세의 힘은 실로 대단하며, 배워야 할 점도 많다고 생각합니다.

다만, 도가 지나쳤습니다. 허세에도 적당한 선이 있어야 하며, 실제보다도 한 등급, 두 등급 위로 연출하는 정도의 허세를 부렸다면 브랜딩이 되지만, 뭔가를 100배, 1000배나 좋아 보이게끔 떠들썩하게 허풍을 떨면, 결국 그 허풍은 들통나게 되고 사람들의 마음도 떠나가 버립니다. 단 한 순간만 세상을 떠들썩하게 만들면 충분하다고 각오했다면 몰라도, 장기적인 비즈니스로 끌고 가려면, 과도하지 않은 정도의 아슬아슬한 선을 공략하는 균형 감각을 길러야 합니다.

과도하지 않은 정도의 아슬아슬한 선은 상대방이 허세라는 사실을 깨닫지 못하거나, 혹은 '조금 허세 부리는 것 같은데'라고 생각하더라도 '뭐, 딱히 상관없지'라며 받아들여 줄 만한 수준을 의미합니다.

알기 쉬운 사례로 YouTube에서 한때 '섬네일 사기'라는 말이 화제가 되었습니다. 섬네일에는 '깜짝 놀랄만한 반전!'이라든가 '유명 인사 출연!' 같은 자막을 써두었지만, 막상 영상을 보면 특별한 반전도 없고, 유명 인사도 출연하지 않는······. 여러분도 한 번 정도 그런 '섬네일 사기'에 걸려든 경험이 있을 테지요.

섬네일에서 엄청난 기대감을 안겨주면 확실히 조회수는 증가하겠지만, 그 대신 영상 이탈이 빨라져, 채널 구독 해지율이 높아지고, 결과적으로 YouTube 측의 평가가 낮아져, 채널은 더 이상 성장할 수 없게 됩니다.

그렇다면 이러한 패턴은 어떨까요? '중대 발표!'라든가 '큰일이 생졌어요ㅠㅠ' 같은 섬네일을 보고 영상을 재생했더니, '사실 제가 오리지널 의류 브랜드를 만들었습니다!'와 같은 내용이라면 말이지요. 이 정도라면 '생각했던 내용은 아니지만, 그렇구나' 정도로 받아들이지 않을까요? 그 채널 주인에게 의류 브랜드 설립은 '중대 발표'이자 '큰일'이라고 할 만한 사건이니, 거짓말이 아니기 때문입니다.

비즈니스이건, 사적인 일이건, 허세를 부릴 때는 위처럼 '거짓말이 되지 않는 아슬아슬한 선'을 넘을락 말락 하는 정도에 그치도록 주의해야 합니다.

'허세에 익숙하지 않아서 아슬아슬한 선을 공략하기가 조금 두렵다'라고 생각하는 분이라면 **처음에는 더 별것 아니고, 현실적인 허세부터 시작해 경험을 쌓아보기 추천합니다.**

예컨대 매월 매출이 30만 엔이라면 "다음 달은 32만 엔에 도전합니다!"라고 소리 높여 선언하는 것입니다. 30만 엔을 32만 엔으로 올리는 것은 숫자로서는 특별한 임팩트가 없지만, 달성하면 '이 사람은 자기가 말한 바에 책임을 지는 사람이다'라는 평가를 받을 수 있고, 스스로 '허세를 실현했다!'라고 자신감을 가질 수 있게 됩니다. 그러한 자기효능감은 다음번에 더 큰 허세를 부리기 위한 기초 체력이 되므로, 다음 달에는 40만 엔, 그다음 달에는 60만 엔으로 점차 높여갈 수 있을 것입니다.

그러나 처음부터 "다음 달에는 60만 엔에 도전하겠습니다"라고 선언하면, 순간적으로는 '굉장한 목표를 세웠네'라며 기대를 받겠지만, 목표를 달성하지 못하면 '뭐야, 못하잖아', '입만 살아 있는 녀석'이라고 낙담하게 만들고, NFT 원숭이나 클럽 하우스처럼 오히려 자신의 가치를 낮추어버리게 됩니다. 이처럼 안타까운 결말로 이어지지 않게 하기 위해서라도, 우선은 현실적인 허세로 근력부터 기르고, 점차 '아슬아슬한 선'에 가까이 갈 수 있도록 노력해 보기 바랍니다.

고객도 상사도
사실은 허세 부리기를 바란다

서장에서도 언급했듯이 저는 상사나 고객이 업무를 타진해 오면, 한순간의 망설임도 없이 "할 수 있습니다!"라고 즉답해 동기나 경쟁자와의 차별화를 이룩해왔습니다.

이 사례에서처럼 허세를 부리지 않는 사람 중에는 '상사나 고객에게는 가능한 정확한 정보를 전달해야 한다'라고 생각하는, 아주 성실한 사람이 많을 테지요. 그래서 부탁받은 일을 정말로 할 수 있을지 슬쩍 시뮬레이션해 본 다음, "아마 할 수 있을 것 같은데, 어쩌면 납기를 하루, 이틀 정도 늦추게 될지도 모르겠습니다"처럼 아주 정확하게 답변합니다. 이것이야말로 성실한 대응이라고 믿으면서 말입니다.

하지만, 상사나 고객은 항상 100% 정확한 답을 원하는 것이 아닙니다. 특히 "이 일 할 수 있을 거 같아?"라고 물을 때는 완벽하게 해낼 수 있는지를 물어보는 것이 아니라, 본인이 생각할 때 할 수 있을 것 같은지를 물어보는 경우가 대부분입니다. 그러니 ==어떻게든 할 수 있을 것 같은 수준이라면, 가타부타 말을 얹지 말고 "할 수 있습니다!"라고 즉답하는 편이 상대방에게도 훨씬 도움이 됩니다.==

막 일을 시작한 신참이 아니기에 그 업무가 자신에게 무리한 일인지 노력하면 해낼 수 있는 일인지는 판단할 수 있을 것입니다. 예컨대 "내일까지 국립경기장을 완성해 주게"라는 의뢰는 물리적으로 100% 무리이지만, "내일까지 조립 창고를 완성해 주게"라는 의뢰는 조금 무리하더라도 애쓰면 불가능하지는 않습니다. 이처럼 감각적으로 애쓰면 어찌저찌 완수할 수 있는 의뢰라고 판단했다면, 묻지도 따지지도 않고 "제가 하겠습니다!"라고 대답하고, 나중에 필사적으로 수행하면 됩니다.

특히 제가 일하는 컨설팅 업계에서는 ==허풍을 한껏 떨며, "저는 해낼 수==

있습니다!"라고 상대방을 안심시키는 일도 상당히 중요합니다.

 컨설턴트는 방향성을 제시할 뿐이고, 실제 그 일을 수행하는 사람은 고객사 사장과 직원이기 때문입니다. 컨설턴트가 자신감 없는 모습으로 "이렇게 하면 아마 잘 진행될 거 같긴 한데요……"라고 말한다면, 실행 부서는 "이 사람이 말하는 대로 하면 괜찮은 게 맞아?"라며 불안해할 것이고, 반신반의하며 실행하게 되니, 결과적으로 성과도 좋지 못하겠지요. 반대로 컨설턴트가 "제가 말하는 대로만 하면 무조건 잘될 것입니다!"라고 자신만만하게 등을 떠밀어 준다면, 상대방도 커다란 배에 올라탄 것처럼 전력으로 노력하므로 반드시 좋은 결과를 맞이하게 됩니다.

 그래서 저는 고객 앞에서는 항상 자신만만하게 행동합니다. 상담 중에 모르는 업계 용어가 흘러나오더라도, 그 자리에서 "어떤 의미인가요?"라고 물어보지 않고, 마치 컴퓨터로 자료를 찾는 척 조용히 그 의미를 조사해, 당연히 알고 있었다는 듯이 이야기를 이어갑니다. **그 정도의 허세는 높은 비용을 받는 사람으로서 당연히 지켜야 할 예의라고 생각합니다.**

 심지어 저 역시 호언장담하며 "할 수 있습니다!"라고 말해놓고도,

나중에 '역시나 좀 힘들 것 같은데……'라며 걱정하기도 합니다. **그럴 때는 후에 메일이나 질문을 통해 수준이나 납기를 조절하면 됩니다.** 허세의 임팩트는 다소 옅어지겠지만, 그래도 상담할 때 자신감 없는 모습을 보이는 것보다 훨씬 낫습니다. 특히 보수가 높은 상담일수록 당장은 업무 수행을 자신할 수 없어도 "으음" 하며 고민하는 모습을 보이지 말고, "할 수 있습니다!"라며 단언하는 편이 전반적으로 일하는 데 긍정적인 영향을 줍니다.

보수가 너무 낮거나 예산 측면에서 "할 수 있습니다!"라고 답하기 어려운 일은 애초에 상담할 필요가 없으므로 처음부터 확실하게 거절합시다. 다만, 직접 만나 상담까지 한 다음에 "이 예산으로는 어렵겠습니다"라고 거절하는 것도 시간 낭비이므로, 저는 신규 고객에게 문의가 들어오면 바로 연 매출 규모나 대략적인 프로젝트 예산을 확인합니다. 그리고 예산이 조금 모자라면 이쪽에서도 그에 맞춘 간이 플랜을 제안합니다. 만약 예산이 너무 부족하면 일일이 만나지 않고 메일로 거절합니다.

납기가 너무 짧거나, 스케줄이 가득 차서 도저히 응대하기 어려울 때는 거절하거나, 아니면 전체 과정 중 일부만 수락하기도 합니다. 다만 "이 부분만 가능합니다"라고 말하는 것은 너무 식상하므로,

"사내에서 노하우를 쌓기 위해서라도 이 부분만은 당사에서 맡는 것이 어떨까요? 장기적으로 보면 외주에 맡기지 않고, 내부화할 수 있으니, 가성비도 좋습니다"처럼 거절합니다. 이렇게 이야기하면 '모처럼 의뢰했더니, 거절당했다'가 아니라 '우리를 생각해서 조언을 해주는구나'처럼 긍정적인 인상을 남길 수 있습니다.

9

사람은 허세를 현실화하는 과정에서 극적으로 성장한다

허세를 잘 부리는 사람은 그렇지 않은 사람에 비해 압도적으로 높은 평가를 받게 되지만, 모든 허세쟁이가 성공하는 것은 아닙니다. 아무리 허세를 잘 부린다고 해도 그 허세를 회수해 실현하는 힘이 부족하다면, 단순한 허풍선이로 끝나기 마련입니다.

그렇습니다. 이번 장의 제목에 '보여주는 방식과 현실의 간극을 메우는 기술'이라는 말이 들어간 것처럼 허세를 부린 뒤에는 반드시 뒤에서 현실과의 간극을 메워, 허세를 현실로 만들어야만 합니다. **진짜배기 허세쟁이는 입으로 있어 보이는 말만 내뱉는 것이 아니라, 뒤에서도 착실히**

노력하는 사람입니다.

허세를 단순하게 '좋은 평가를 편하게 받게 해주는 기술'이라고 생각한 사람은 '뭐야, 결국은 노력을 해야 한다는 말이야?'라며 조금 실망하셨는지도 모르겠습니다.

하지만 **허세를 부리지 않고 노력만 하는 사람과 허세를 부리면서 노력도 하는 사람 중 확실하게 좋은 평가를 받을 수 있는 사람은 후자이므로 당연하게도 허세를 부리는 편이 낫습니다.**

잘 생각해 보십시오. 반대로 간극을 메우기 위한 노력은 일절 하지 않고 입으로만 허세를 부린다면, 허세를 부리는 표현력은 일취월장할지 몰라도 실무적인 능력이나 지식 측면에서는 언제까지고 성장하지 못할 것입니다. 능력은 미숙한 채 허세에만 기대 살아간다니, 아무리 생각해도 너무 위험합니다.

진짜배기 허세쟁이는 가장 먼저 "할 수 있습니다!"라고 선언한 다음, 그 허세를 실현해내기 위해 죽을힘을 다해 간극을 메웁니다. 경험치가 얕은 동안은 "할 수 있습니다!"라고 말하고 난 뒤에도 납기를 맞추지 못하는 등 허세를 미처 회수하지 못할 수도 있지만, 그 경

힘은 반드시 자신의 피와 살이 됩니다. 정말 할 수 있을까 싶은 아슬아슬한 선에서 망설임 없이 "할 수 있습니다!"라고 허세를 부리고 난 다음, "할 수 있다고 말했으니 해낼 수밖에 없어"라며 자신을 옥죄는 편이 낫다고 저는 생각합니다.

일반적인 사람은 힘들어 보이는 일에 대해 "할 수 있습니다!"라고 답하지 않고, "아마 할 수 있을 것 같긴 한데, 어쩌면 납기가 조금 늦어질지도 모르겠습니다"라며 보험을 걸며 대답합니다. 하지만 그렇게 말하면 자신을 한계선까지 밀어붙이지 못하므로, 결과적으로는 성장이 둔화됩니다. 매번 그런 식으로 보험을 거는 사람과, 매번 "할 수 있습니다!"라고 선언하며 자신을 몰아붙이는 사람을 비교해 보면 3년 뒤에는 압도적인 실력 차이가 벌어져 있을 것입니다.

허세에서 출발한 간극 메우기가 사람을 극적으로 성장시킨다는 점은 저도 몇 번이고 경험한 바입니다. 그중에서도 라쿠텐 시절에 구마모토 지진 피해지역 지원 활동 중 하나로 '구마모토 상품을 사서 응원하는 기획'을 제안했던 일이 가장 인상 깊게 남아 있습니다.

아직 '일하는 방식 개혁'이라는 표현도 없었던 시절, 모든 IT 관련 기업은 잔업을 당연하게 여겼고, 우리 팀도 몇 분조차 아까워할 정도로 바쁜 나날을 보내고 있었습니다. 그럴 때 구마모토 지진이 발생했고, '나도 뭔가 도움이 될 수 없을까'라는 마음으로 고안한 것이 이 기획이었습니다.

제안은 이례적인 속도로 채택되었지만, 당연하게도 전부터 계획했던 일이 아니었기 때문에, 기존 업무를 병행하며 '구마모토 상품을 사서 응원하는 기획'을 진행해야만 했습니다. 상사는 저에게 "기존 업무를 줄여줄 수 없는데 괜찮겠어?"라고 확인했지만, 그때도 "당연히 할 수 있습니다. 괜찮습니다!"라고 크게 허세를 부렸습니다.

하지만 사실은 전혀 괜찮지 않았습니다. 가만히 있어도 바쁜 시기에, 지금까지 해본 적 없는 스타일의 기획까지 더해져 솔직히 말하자면 죽을 것 같았습니다. 하지만 "당연히 할 수 있습니다"라고 대답한 이상 어떻게든 그 기획을 현실화해야만 했고, 말 그대로 자는 시간도 아까워하며 일에 매진했습니다. 그 결과, 기존 업무도 별 탈 없이 잘 진행했으며, 보통 때라면 준비 기간에만 2개월이 걸렸을 만한 규모의 '구마모토 상품을 사서 응원하는 기획'도 겨우 1주일 만에 오픈해, 그 성과로 라쿠텐 이치바 MVP 상도 수상했습니다.

구마모토 기획을 준비했던 1주일은 제 인생에서 세 손가락에 들 정도로 힘든 시기였습니다. 하지만 그때 익힌 근력의 기본은 제 커리어의 근간이 되었습니다. 지금 떠올려 봐도 정말로 하길 잘했다는 생각밖에 들지 않습니다.

사람이 성장하려면 무언가의 부하가 필요합니다. 그 계기를 가져다주는 것이 허세이고, 스스로 "할 수 있습니다!"라고 선언해, 주변에서도 다 알게 되면 해낼 수밖에 없게 됩니다. **허세는 기초 체력을 늘리는 훈련이기도 한 것입니다.**

제가 최근에 빠져 있는 '냉수 샤워'도 스스로 부하를 걸어, 자신이 제어할 수 없는 능력을 끌어낸다는 의미에서 허세와 통하는 점이 있다고 느낍니다. 냉수 샤워는 한겨울에 차가운 물로 1분 정도 샤워를 하는 건강법입니다. 냉수라는 강한 스트레스를 겪게 되면 뇌는 냉수의 불쾌함을 지우기 위해 집중하고, 불필요한 일을 떠올리지 않게 되므로 부정적인 감정이 빠져나가기 쉽다고 합니다.

제가 직접 해보니 냉수 샤워를 하고 나면 상당히 상쾌하고, 티셔츠 한 장만 걸쳐도 "어쩜 이렇게 따뜻하지!"라며 행복을 느낄 수 있었습니다. 이러한 점은 대단한 허세를 성공적으로 회수한 다음에 느끼는 안도감, 성취감과도 닮아 있다는 생각이 듭니다.

제 **2** 장

일로 좋은 평가를 받고 싶다면 허세를 활용하라

1

숫자를 꺼내 들기만 해도 능력 있어 보이게 만드는 비밀

제2장에서는 비즈니스 상황에서 효과적으로 허세를 부리기 위한 마음가짐이나, 구체적인 방법을 소개하고자 합니다.

우선 허세의 기본이라고 할 수 있는 '숫자' 사용 방법을 알려드리겠습니다.

평범한 직장인은 업무에 대한 예측이나 성과를 보고할 때 숫자를 있는 그대로, 어떤 궁리도 하지 않은 채 전달합니다. 이에 비해 **일을 잘하는(이라고 평가받는) 사람은 자신이 보여주고 싶은 숫자만 확대해 전달함으로써, '이 사람은 대단한 성과를 내고 있구나'라고 상대방을 착각하게 만듭니다.**

극단적인 예를 들어보자면, 얼마 전 도쿄도 복지국에서 발표한 '유급휴가 취득률 추이'를 나타내는 그래프를 들여다보겠습니다 (그래프 1). 이 그래프를 보면 2020년부터 2021년까지 숫자가 10배 정도 급격하게 상승했다는 인상을 받게 되는데, 실제로는 53.4%에서 58.0%로 4.6% 상승한 것에 지나지 않습니다. 그런데 어째서 이런 극단적인 그래프가 나왔는지 살펴보면, 유급휴가 취득률이 상승했다는 사실을 강조하기 위해 시작점을 0%가 아닌 53%로 잡고, 눈금 간격을 조작하는 등 수작을 부렸기 때문입니다.

솔직히 이 그래프는 너무 과합니다. 실제로도 눈금이 부자연스럽다는 사실을 눈치챈 사람들이 SNS에서 "이 그래프는 너무 조작된 것 같다"라고 지적해, 도쿄도 복지국은 큰 비판을 받았습니다.

그렇다면 손톱만큼의 허세도 배제하고, 정직한 그래프를 만들면 어떻게 될까요? [그래프 2]를 보면 거의 옆으로 늘어서 있을 뿐, 뭐가 뭔지 알아보기 힘든 상태입니다. 정확하기는 하지만, 이 그래프를 보고 "유급휴가 취득률이 오르다니 대단하군"이라고 생각할 사람은 없을 것이고, 애당초 '자세히 보지 않으면 상승했는지 하락했는지도 알기 어려운 그래프'는 너무 불친절합니다.

[그래프 1] △

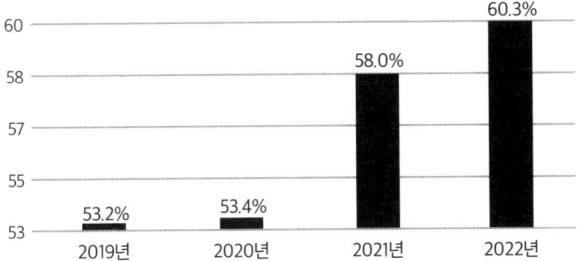

[그래프 2] ✕

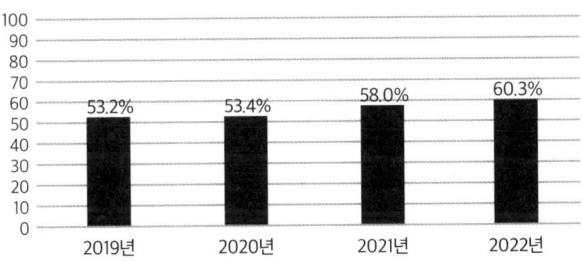

[그래프 3] ◎

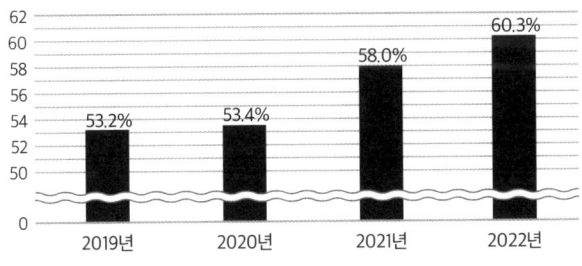

한편, 도쿄도 복지국이 비판을 받아 수정한 것이 [그래프 3]입니다. 0%부터 시작할뿐더러, 50% 이상 부분을 확대해 유급휴가 취득률이 확실히 상승하고 있음을 한눈에 알 수 있도록 만들어졌음을 알 수 있습니다.

우리가 목표로 삼아야 할 것은 이 [그래프3]처럼 적당한 허세가 작용한 숫자를 꺼내 드는 방법입니다. [그래프 1]은 YouTube에서 말하는 '섬네일 사기'처럼 신뢰를 잃어버릴 위험성이 있고, 그렇다고 해서 [그래프 2]처럼 했다가는 너무 허세가 없다 보니 오히려 성과를 제대로 알리기조차 힘들기 때문입니다.

저 자신도 라쿠텐 시절부터 지금에 이르기까지 계속해서 [그래프 3]처럼 성과를 알기 쉽게 전달하는 그래프를 적극적으로 활용해 왔습니다. 그 그래프 때문에 칭찬을 받을지언정, 조작 아니냐고 비판을 받은 적은 단 한 번도 없었습니다.

2

우연의 산물도, 팀 전체의 실적도, 모두 '내 실력'이라고 이야기하라

일을 하다 보면, 특별히 아무것도 하지 않았는데 실적이 향상될 때가 있습니다. 라쿠텐 시절 판매 기획을 담당하고 있을 때도 '지난달 매출은 3억 엔이었는데, 이번 달에는 왠지 몰라도 3억 3000만 엔으로 올랐다' 이런 일이 가끔 일어났습니다.

이럴 때, 사람들은 대부분 "특별하게 한 일은 없는데, 솔직히 왜 매출이 증가했는지 모르겠습니다. 아마도 계절 요인 때문인 듯합니다"라고 너무 솔직하게 보고합니다. 이런 모습을 보면 정말이지 너무 아깝다는 생각이 듭니다. 기껏 실적이 올랐는데, **나중에라도 이유를**

==붙여 자기 업적으로 포장하면 좋을 텐데…==라고 말이지요.

담당자 자신이 매출이 오른 이유를 모른다면, 상사는 더더욱 알 리가 없습니다. 그러니 매출이 3000만 엔 늘었다면, 근거가 없어도 좋으니 "위쪽 배너를 바꾸었던 것이 좋은 반응을 부른 것 같습니다" 처럼 자신의 업무와 연관 지어, 자기 업적으로 보고하기를 추천합 니다. 실제로는 하지도 않은 일을 했다고 하면 안 되지만, 그 기간에 어떤 일이라도 했을 터이니, "이 시책으로 인해 사용자의 컨버전이 향상되었을 가능성이 있으므로, 다음 달에도 계속해서 신경 쓰려고 합니다"라고 그럴듯한 말을 붙이면 됩니다. ==그것만으로는 보통 사람에게 어떠한 성과가 되지는 않겠지만, 당신에게는 '매출 3000만 엔 향상에 공헌했다'라 는 가점이 생기는 것이지요.==

==이처럼 숫자와 관련된 허세는 사내에서만이 아니라 사외에도 효과적입니다.== 예 컨대 팀 전체로 달성한 숫자라도, 어디까지나 당신 혼자만의 힘으로 달성한 것처럼 이야기해 자신을 유능하게 연출할 수도 있습니다.

회사원, 특히 대기업의 직원에게는 회사 지명도나 브랜드 파워 덕 에 일이 잘 풀리는 것이기 때문에, 만약 몇백억 엔이나 되는 매출을 달성했다 하더라도, 담당자의 역량이 우수하기 때문이라고만은 단언할 수 없습니다. 심지어 직접적인 담당자가 한 명이라고 하더라도, 그 업무는 몇 명이나 되는 지원 스태프 덕에 성립되고 있으니, "매출 = 담당자의 실력"이라는 공식은 대기업일수록 성립하지 않습니다. 그러나 그런데도 **실제로 그 숫자를 기록했다면, 당당히 "제가 만들어 낸 숫자입니다!"라고 단언해도 아무런 문제가 없습니다.**

저도 독립한 지 얼마 되지 않았을 무렵에는 사장으로서의 실적은 아무것도 없었기 때문에 "라쿠텐 슈퍼 SALE에서 매출 683억 엔을 달성했으며, 사내 기네스 기록을 세웠습니다!"라는 사실을 대대적으로 홍보하고 다녔습니다. 물론 683억 엔이라는 숫자에는 회사의 간판이 있었고, 이는 선배나 후배, 지원 스태프 모두가 함께 협력해 달성한 것입니다. 저 개인이 대단한 것은 전혀 아니지만, 어디까지나 자신의 공적인 양 말함으로써 '와, 이 사람은 유능하구나. 1주일 동안 매출 683억을 달성해서 라쿠텐 기네스까지 획득했다는 건, 이 사람에게 컨설팅을 부탁하면 가볍게 매출 몇억 엔 정도는 향상되지 않을까?'라고 생각하게 만드는 것이지요.

반대로 좋지 않은 숫자는 꺼낼 필요가 없습니다. 사내 보고서나 고객용 보고서에서 '매월 이 숫자를 만들어 내겠다'라는 규칙이 정해져 있는 경우에는 무조건 만들어 내야 하지만, **자신이 자료에 어떤 데**

이터를 실을 것인지에 대한 재량권을 가지고 있다면 불리한 정보는 넣지 않는 것이 철칙입니다.

특히 컨설팅처럼 '가르치는 일'에는 고객이 안심하기 위해 돈을 지급하는 측면도 존재하므로, 굳이 불안하게 만들 수도 있는 정보를 전달할 필요가 없습니다. "이 시책으로 유입 수가 증가하고 있습니다" 같은 좋은 상황을 보여주는 데이터만을 오픈해, "이 사람은 유능하니까, 일을 잘 맡겼네"라고 안심할 수 있도록 하는 것이 중요합니다.

3

하루에 10개만 팔리더라도, 50년 동안 팔면 '18만 개 팔린 만두'가 된다

앞에서 언급했듯이, 상사나 고객에게 좋은 평가를 받는 사람은 '자신에게 유리한 숫자'를 잘 활용해 자신을 유능하게 보이게끔 연출합니다.

'하지만 제 일은 수치화할 수 있는 일이 아니라서……'라고 생각하는 분이 계실지도 모릅니다. 과연 정말로 그럴까요?

<mark>어떤 일이건 수치로 환산하려고만 하면 할 수 있습니다.</mark> 예를 들어, 서류 작성이 메인인 일반 사무직이라면 "이런 자료를 매일 30장 만든다"라고 이야기할 수 있고, 이를 더욱 부풀리면 "연간 7000장 이상의 자

료를 작성하고 있다"든가 "입사 후 5년간 3만 5000장의 자료를 작성해 왔다"라고 말할 수도 있습니다.

사원 수가 많은 기업에 소속되어 있다면 그 규모를 부풀릴 수 있습니다. 단순하게 "라쿠텐 경리 부문에서 급여 계산을 담당하고 있습니다"라고 말하기보다 "직원이 7000명 이상인 라쿠텐 경리 부문에서 급여 계산을 담당하고 있습니다"라고 하는 편이 많은 일을 높은 효율로 처리하고 있는 듯한 인상을 남길 수 있습니다.

"매출 규모가 적은 영세기업에서 근무 중이어서, 숫자를 말해야 하는 시점에서 허세를 부릴 수가 없다"면 앞에서 말한 일반 사무직처럼 월간이나 연간 단위로 계산해 보세요. 그렇게만 해도 수만이나 수십만이라는 큰 숫자로 나타낼 수 있을 것입니다.

이는 라쿠텐 이치바에서도 자주 사용하는 방법입니다. 예컨대 어떤 만두가 하루 10개밖에 팔리지 않다고 해도, 연간으로 환산하면 3650개, 10년이면 3만 6000개가 팔립니다. 만약 그 만두를 창업 이래 50년간 계속해서 판매해 왔다면 '총합 18만 개 팔린 만두'라는 이름을 붙일 수도 있습니다.

화과자 가게에서 하루 10개라는 숫자는 어쩌면 인기 없는 상품일 수도 있습니다. 그래도 연간, 10년간, 창업 이래라는 프레임으로 환산해 보면, 수천 개, 수만 개라는 숫자가 만들어지기 때문에, 아무리 숫자로 표현하기 어려운 일이라고 해도 허세력을 응용한다면 깜짝 놀랄 만한 숫자를 짜낼 수 있게 됩니다.

인지심리학의 휴리스틱으로 판단했을 때 '우수'하다고 생각하게 만드는 기술

갑작스럽지만 한 가지 문제를 내보겠습니다.

A와 B는 동전을 몇 번 던졌습니다. A가 던진 동전은 앞면, 앞면, 앞면…… 이렇게 '앞면'이 계속해서 나온 데 반해, B는 뒷면, 뒷면, 뒷면…… 이렇게 계속해서 '뒷면'만 나왔습니다. 그렇다면 다음번에 동전을 던진다면 '앞면'이 나올 확률이 높은 사람은 A와 B 중 누구일까요?

이러한 정보를 제공하면 많은 사람이 직감적으로 'A는 계속 앞면이 나왔으니까, 다음에도 앞면이 나오지 않을까?'라고 생각하게 되지 않을까요?

실제로는 동전의 앞뒤는 2분의 1의 확률로 나오게 되어 있으며, A이건, B이건, 다음에 앞면이 나올 확률에는 차이가 없습니다. 그러나, 아무리 '동전 앞뒷면은 항상 2분의 1'이라는 지식이 있어도, 'A는 계속해서 앞면이 나왔으니까, 다음에도 앞면이 나오지 않을까?'라고 기대하게 되는 것이 인간의 심리입니다.

이처럼 과거의 경험이나 한정된 정보를 바탕으로 '아마도 이럴 것이다'라고 판단하는 직감적인 사고방식을 인지심리학 용어로 '휴리스틱(heuristics)'이라고 합니다.

인간은 모든 일을 논리적으로 사고하거나, 신중하게 판단하지 않습니다. 어째서냐면 아침밥으로 무엇을 먹을지, 어떤 옷을 입고 나갈지, 양말이나 손수건은 어떤 것을 선택할지처럼 선택지가 무수하게 많으므로, 이를 하나하나 숙고해서는 몸이 남아나지 않을 것입니다. 따라서 자신의 경험과 지식을 바탕으로 어느 정도 괜찮은 답을 재빠르게 고릅니다. 휴리스틱이라고 불리는 이 마음의 작용을 알고 있는 것만으로도 허세의 폭은 아주 넓어집니다.

예컨대 사내에서 자기 기획을 통과시키고 싶다거나, 고객에게 일을 발주하고 싶다는 연락을 받았을 때는 세세한 부분은 제쳐두고, 네다섯 가지 성공 사례를 재빠르게 제시합니다. "숫자가 향상되었습니다", "숫자가 향상되었습니다", "숫자가 향상되었습니다", "숫자가 향상되었습니다" 이런 이야기를 계속해서 나열해, '이 사람은 앞면, 앞면, 앞면이 계속해서 나오는 사람(회사)이니까, 다음에도 앞면이 나오게 해주겠지'라고 착각하게 만드는 것이지요.

물론 실제로는 100%의 확률로 성공한 것도 아니고, 숫자가 향상되지 않았던 적도 있지만, 실패 사례는 없었던 것처럼 성공 사례만을 확대해 보여주는 것입니다. 발표를 듣는 쪽도 그 정도는 어느 정도 인지하고 있고, 사람은 자신에게 필요한 정보만 믿으려 하는 생물이므로 눈앞에 압도적인 성공 사례만 제시하면, 휴리스틱이 작용해 '이 사람에게 맡기면 틀림없이 다음에도 성공하겠지'라고 판단하게 됩니다.

상담이나 기획 회의뿐만 아니라, 이직 면접도 동일합니다. 전 직장에서 자신이 어떤 성과를 올렸는지를 나열하면, 면접관은 '전 직장에서 이 정도로 성과를 올렸다면 우리 회사에서도 분명히 활약하겠지'라고 착각하게 됩니다. 실제로는 면접에서 말하지 않았을 뿐, 실패한 사례가 훨씬 많을 수도 있습니다. 업종이나 품목이 달라지면 비슷한 성과를 올리기 어렵지만, 강렬한 인상을 남기는 허세는 그러한 합리적인 사고를 날려버릴 만큼 강한 힘이 있습니다.

5

'후광효과'를 받을 수 있는 일을 해, 허세의 자산을 쌓아 나가자

상담자료나 이직할 때 필요한 이력서에 성공 사례만 나열하면, 성공 사례가 주는 인상에 이끌려 '이 사람은 우수한 게 틀림없어'라고 생각하게 되는 현상을 '후광효과'라고 합니다. 후광효과는 성인 머리 위에 그려지는 후광을 의미하는 표현으로, 강한 후광을 마주하게 되면 그 빛에 눈이 어두워져 인지가 왜곡되어, 전체를 바르게 평가하기 어려워진다는 말입니다.

'인지의 왜곡'이라고 하면 왠지 모르게 나쁜 이미지가 있는데, **중요한 점은 후광효과에 휘둘리는 측이 아니라, 후광효과를 잘 이용하는 측이 되어**

야 한다는 것입니다. 즉, 허세가 작용한 상담자료나 이력서를 통해 자신이나 상품을 실제보다 우수하다고 착각하게 만들어야 한다는 말입니다.

다만, 상담자료나 이력서에 허세를 부리려면, 거기에 쓸 만큼 구체적인 실적이 필요합니다. 어떤 일이건 수치화하려고 하면 할 수 있다고 했지만, '라쿠텐 슈퍼 SALE에서 매출 685억 엔을 달성해 사내 기네스 기록을 세웠다!'처럼 알기 쉬운 실적이 있으면 더 좋습니다.

사내에서 높은 평가를 받아 출세한 사람이나, 젊었을 때 창업과 독립에 성공한 사람 대부분이 그러한 '알기 쉬운 실적'을 내기 쉬운 부서나 업계를 거쳐 지금 지위에 도달하게 된 것입니다. 많은 경우, 어쩌다 운 좋게 좋은 곳에 소속되었기 때문이 아니라, **본인이 의도적으로 허세를 부릴 수 있는 일, 즉 후광효과가 있는 일을 선택한 결과입니다.**

LINE이나 ZOZO에서 임원을 역임했던 비즈니스 인플루언서 다바타 신타로도 이전에 '내 숫자가 되지 않는 일을 하거나, 실적으로 인정받기 어려운 업계에서 일한다면 그만두는 편이 낫다. 어차피 일을 할 것이라면 제가 이렇게 했다고 당당하게 말할 만한 일을 맡을 수 있는 부서나 업계를 골라야 한다'라는 취지의 발언을 했으며, 저 역시 그 말에 크게 공감했습니다.

자기 숫자가 되는 일을 한다는 말인즉슨 후광효과가 작용하는 일을 해 '허세의 자산'을 쌓으라는 의미입니다. 여러분도 취직이나 이직, 업무 로테이션을 할 때는 다음 일이 후광효과로 이어질 수 있는지 커리어 플랜을 고려해 보기를 추천합니다.

6

허세를 최대화하려면 '비주얼'을 활용하라

비슷비슷한 성적을 내는 중에 좋은 평가를 받는 사람, 받지 못하는 사람이 있듯이 비슷한 내용의 제안서 중에서도 "이건 대단한데, 꼭 해봅시다!"라고 반응하기도 하고, 바로 거절하기도 합니다. 이 역시 완전히 허세력의 여부에 따라 발생하는 차이로, 사내 회의용이건 대고객용이건 **반응이 좋은 자료는 한결같이 허세를 잔뜩 부리고 있습니다.**

프레젠테이션 자료는 보통 '기승전결'로 구성되어 있습니다. '기'는 '세상에서는 지금 이런 문제가 일어나고 있습니다'라는 문제를 제기하면서 시작하고, '승'에서는 '이러한 상품이나 서비스를 사용하면 좋습니다'라고 해결책을 제안하며, 이어지는 '전'에서는 '그렇게 하면 더욱 매출이 상승합니다'라고 이야기를 확장한 다음, '결'에서 '몇 년 뒤에는 이런 미래가 기다리고 있습니다'라며 목표를 보여줍니다.

 기승전결 형태의 자료는 알기 쉬우며, 친절한 설계이긴 하지만, 도입부에 해당하는 '기' 부분에서 지루하다는 인상을 주는 경우가 있습니다. 관계자들은 업계나 시장의 동향 등에 대해 이미 잘 알고 있으므로, '이미 다 아는 이야기잖아'라고 생각하기 쉽습니다.

 상대방과 처음 만났다거나, 그에 준하는 정도의 고객이라면, 특히 자신에 대한 신뢰나 기대감이 없는 경우라면 진지하게 이야기를 듣지 않기 때문에, **도입부에서 '이 사람(회사)은 상당한데?'라고 생각하게 만들 수 있는지가 승부의 열쇠가 됩니다.**

 그러니 제가 상담이나 프레젠테이션 자료를 만들 때는 배경 같은 것을 소개하기보다, 우선 '실적 소개'부터 시작합니다. 카오나 코카콜라, 도요게이자이 온라인, NTT 도코모 같은 유명 대기업을 거래처로 나열하고, 라쿠텐 시절에 수백억 엔이나 되는 매출을 올렸던 일, 텔레비전을 필두로 다수의 미디어에 출연했던 사실 등, 제 커리어 중에서도 특히 임팩트가 강한 실적을 가장 먼저 재빠르게 보여 주는 것입니다.

포인트는 문자가 아닌 '비주얼'을 많이 사용하는 것입니다. 문자로 된 설명문은 누구도 읽고 싶어 하지 않지만, 익숙한 대기업 로고를 나열해 두면 '그렇구나, 이런 회사들과 거래하고 있구나'라며 한 번에 인식하게 됩니다. 미디어 출연 실적도 '후지 텔레비전 프로그램 〈전력! 탈력 타임즈〉에 출연'이라고 문자로 한 줄 써두기만 해서는 빠뜨리기 쉽고 확실하게 인식하기 어렵지만, 방송 출연 화면을 캡처해서 붙여 넣으면 '저 연예인과 같이 텔레비전에 나왔구나'라며 대단함을 한 번에 인식하게 만들 수 있습니다.

이처럼 비주얼의 힘을 총동원해 실적을 나열하면, 휴리스틱이나 후광효과가 더욱 강렬하게 작용해 '이 사람은 정말 대단한 것 같아', '텔레비전에도 나오는 능력자구나', '이 사람에게 맡기면 틀림없이 잘 해내겠어'처럼 강한 신뢰나 기대감을 형성할 수 있습니다. 상담의 서두에서 이런 작업을 해 두는 것과 하지 않는 것에는 큰 차이가 발생해, **처음에 '대단한 사람'이라는 이미지가 생기면, 이쪽에서 내놓는 기획이나 제안을 순순히 받아들일 가능성이 한 단계 높아집니다.**

자기 의견이 통과되길 바란다면 '선택지는 두 개'를 제안하라

자기 기획이나 제안이 통과할지는 기획의 내용 자체보다도 프레젠테이션할 때 허세를 부릴 수 있는지로 결정됩니다. 평범하게 제안했다면 50점 정도에 그쳤을 기획이라도, 프레젠테이션 방법이 뛰어나면 80점, 90점 수준의 기획으로 보이게 할 수 있습니다.

앞서 제가 추천한 프레젠테이션 방법에서도 설명했듯이 허세를 부린 자료를 만드는 것에 더해, '두 가지' 계획을 준비하는 것입니다. 이는 사내외를 막론하고 사용할 수 있는 만능 테크닉으로, 저 자신도 라쿠텐 시절 기획 회의부터 현재의 대고객 업무에서도 자신의 의견을 통과시키고 싶을 때는 무조건 이 작전을 사용하고 있습니다.

사람들은 대부분 상사나 고객에게 무언가를 제안할 때, 자신이 가장 좋다고 생각하는 안을 한 가지만 가지고 가지만, 저는 반드시 두 가지 안을 준비해 "플랜 A와 플랜 B가 있는데, 어느 쪽이 더 마음에 드시나요?"라고 질문해 그 자리에서 결정하게 합니다. 그렇게 하면 상대방의 머릿속은 '이 두 가지 안 중에서 골라야만 한다'라는 착각으로 가득하게 됩니다. 그 이외의 안을 찾으려는 발상을 하지 못하게 되기 때문에, 웬만하면 두 가지 안 중 하나로 결정하게 됩니다.

그런데 한 가지 안만 가지고 가면 아무리 대단한 기획이라고 해도 대부분 "좀 더 다른 방향에서 생각해 볼 순 없을까?"라거나 "이 부분을 더욱 고민해 봤으면 좋겠어"라는 이야기를 듣게 됩니다. 간단하게 대응할 수 있는 선의 요구라면 괜찮지만, 때로는 자신이 하기 어려운 방향으로 검토해야 하거나, 귀찮은 수정을 요구하기도 합니다.

그러한 사태를 피하기 위해서도, 처음부터 A 안과 B 안을 가지고 가서 "선택지는 이 두 가지밖에 없다"라는 착각에 빠져들게 해야 합니다. 그렇게 하면 귀찮은 피드백을 피할 수 있는 데다, 보통 사람보다 상사나 고객의 '예스'를 끌어내는 속도가 빨라집니다. 그렇게 되면 같은 일을 하더라도 '일이 빠르다'라는 평가를 들을 수 있고, 남은 시간을 자기 계발이나 다른 일에 활용해 나간다면, 더욱 좋은 평가를 받을 수 있을 것입니다.

'안을 두 가지나 만드는 건 너무 힘들 것 같은데'라고 생각하신 분, 걱정하지 않아도 됩니다. **추천하고자 하는 A 안은 제대로 만들어 내야 하지만, 나머지 B 안은 적당히 만들어도 괜찮습니다.** B 안의 수준이 낮다면, 그만큼 A 안의 장점이 눈에 띄기 때문입니다.

반대로 두 가지 안 모두를 정성껏 만들면, 시간을 너무 많이 빼앗기게 됩니다. 또 상대방이 "둘 다 좋네요"라고 고민하게 되어, 결국 "두 가지 요소를 합쳐서 하나의 안으로 정리해 주세요"와 같은 말을 하게 될 수 있습니다. 이처럼 번거로운 일을 피하기 위해서도 **두 번째는 힘을 빼고 만들어, "B 안은 애매하지만, A 안은 매우 좋다"라고 보이게끔 만드는 것이 가장 좋습니다.**

메일에 빨리 회신하기만 해도 '일 잘하는 사람'이라고 평가받는다

상사나 고객에게 좋은 평가를 받는 것은 유능한 사람이 아닌, 유능하다고 '여겨지는' 사람입니다. 자신을 유능하게 보이게끔 연출하는 허세의 기술에는 여러 가지가 있지만, 가장 손쉽고 오늘부터도 실천할 수 있는, 강력하게 추천하는 방법이 있습니다.

그것은 바로 메일에 굉장히 빠르게 회신하는 방법입니다.

'그것뿐이야?'라고 생각하실지도 모르겠습니다만, 그것뿐입니다. 그것만으로도 극히 능력이 평범한 사람도 '이 사람은 다르다'라는 인식을 줄 수 있습니다.

메일 용건은 별것 아닌 확인이나 연락 사항이 대부분입니다. 9할 정도는 읽기만 하면 단숨에 내용을 이해할 수 있고, '어떻게 회신할까?'라며 머리를 싸매게 되는 내용은 없습니다. 그러니 "확인했습니다. 앞으로도 잘 부탁드립니다" 정도로 회신한다면, 30초 이내에 보낼 수 있을 것입니다.

하지만 사람들은 대부분 메일에 즉시 회신하지 않고, 메일을 읽고 나서 5분, 10분이 지난 뒤에야 겨우 "이제 슬슬 회신해 볼까?"라며 자리에 앉습니다. 심한 사람은 반나절이 지나도록 방치하거나, 그대로 잊어 버리기도 합니다.

그런 만큼, ==메일 회신이 아주 빠르다는 것은 임팩트가 강합니다.== 물론 저도 즉시 답할 수 있는 메일에는 즉시 회신합니다. 자주 사용하는 표현은 양식으로 만들어 두고, 메일이 도착한 뒤 30초, 때에 따라서는 10초 만에 회신하기도 합니다. 그러면 ==상대방은 '이 사람 회신 속도가 대단한걸'이라고 반드시 생각하게 될 것입니다. 그런 사람이 드물기 때문입니다.==

제가 라쿠텐에서 근무하던 시절, 젊어서 임원 자리까지 올라간 사람이 있었습니다. 그 사람도 메일 회신이 빨랐는데, 특히 미키타니 사장님이나 임원들이 보낸 메일에는 폭발적인 속도로 회신했습니다. 다른 일은 그렇게까지 빠르지 않은데, 메일 회신 속도만은 타의 추종을 불허할 정도로 빨랐던 것입니다.

메일 회신 속도와 업무 품질은 전혀 관련이 없지만, ==윗사람의 눈으로 봤을 때는 '내가 보낸 메일에 이렇게 빠르게 회신하다니, 이 녀석은 신뢰할 수 있겠군'이라고 느끼게 되므로, 중용하고 싶어질 것입니다.== 그 임원이 그저 빠른 반응만으로 출세했다는 사실을 깨달은 저는, 그날부터 그 임원을 따라 메일에 즉시 답신하기 시작했습니다.

제1장에서도 서술한 바와 같이 같은 회사에 근무하는 직원의 능력이 2배, 3배나 차이가 난다고는 생각하기 어렵고, 평가는 모두 '보여주는 방법'으로 결정됩니다. 그런 점에서 ==메일은 눈에 보이는 일이기도 하고, 눈에 띄는 빈도도 높으므로, 허세를 부리는 보람이 있습니다.==

심지어 메일에 즉시 회신한다는 점은 상대방이 회신을 기다리는 시간을 줄여주므로, ==메일 회신이 빠르면 '업무가 빠르다'뿐 아니라, '센스가 좋다'라는 평가도 따라옵니다.== 메일을 빨리 회신하는 것만으로 상대방이 그렇게 생각하게 만들 수 있으므로, 하지 않을 이유가 없습니다.

지금 하고 있는 일에서 2배의 성과를 올리기는 매우 힘들지만, 메일을 다른 사람보다 2배, 3배 빠르게 회신하는 정도라면 아마 누구나 가능할 것입니다. ==메일에 즉시 회신하는 것은 아주 간단하지만 허세 효과는 탁월한, 가성비 최강의 처세술입니다.==

시간을 단축해 허세를 부리고 싶다면
사전 등록과 양식을 잘 활용하라

앞에서도 설명했듯이 저는 메일에 빠른 속도로 회신하기 위해 사용 빈도가 높은 표현은 미리 등록해 두거나, 양식화하고 있습니다.

예컨대 "수고 많으십니다. ●●부 ▲▲팀의 오하라입니다"라든가, "앞으로도 잘 부탁드립니다" 같은 문장은 키보드로 직접 치면 보통 5초 정도 걸립니다. 겨우 5초라고 생각하실지도 모르지만, 하루에 몇십 통이나 되는 메일을 쓰는 사람이라면 쌓이고 쌓여서 상당한 시간을 잡아먹게 됩니다.

그러니 메일에서 자주 사용하는 표현은 '수고'라고만 치면 "수고 많으십니다. ●●부 ▲▲팀의 오하라입니다", '앞으'만 치면 "앞으로도 잘 부탁드립니다"라는 문장으로 단번에 변환되도록 미리 등록해 두면 좋습니다. 이렇게 하면 1초 만에 내용을 쓸 수도 있고, 실수로 오타를 내는 일도 없어지기 때문에, 검토나 수정을 할 필요가 없어져서 시간을 더욱 단축할 수 있습니다.

사전 등록 이외에는 '스니펫(snippet)'이라는 앱을 추천합니다. 이 앱은 등록해 둔 문장을 명령어 하나로 불러낼 수 있는데, 저는 메일을 쓸 때 자주 사용하는 문장 외에도 회사 주소나 메일 주소, Zoom 초대 URL처럼 사용 빈도가 높은 텍스트 몇 개를 등록해 두었습니다. 특히 Zoom 초대 URL은 Zoom을 열어 URL을 복사하는 데만 20초 정도 걸리지만, 스니펫을 사용하면 1, 2초 만에 불러낼 수 있으므로 시간을 대폭 줄일 수 있습니다.

이런 작은 기술들을 조합해 "알겠습니다", "OK입니다" 같은 수준은 물론이고, "그 일은 이렇게 해주세요" 같은 다소 복잡한 내용도 상당히 빠른 속도로 회신할 수 있게 도와줍니다.

예컨대 다음과 같은 메일을 쓴다면, 새롭게 써야 할 부분은 줄 친

> 스즈키 님
>
> 안녕하세요. 다니엘스쿨의 오하라입니다.
> 메일 주셔서 감사합니다.
>
> **문의해 주신 물품은 내일까지 납품 부탁드립니다.**
>
> 앞으로도 잘 부탁드리겠습니다.

부분밖에 없고, 나머지 부분은 모두 스니펫에서 불러낸 양식입니다.

문장이나 구성을 하나하나 직접 쳐야 했다면, 사람에 따라서는 검토를 포함해 적어도 몇 분은 걸릴 일이지만, 이렇게 쓰면 10초 만에 회신할 수 있습니다.

또한 메일 회신과는 직접적인 관련은 없지만, **스니펫에서는 문장 약 100건을 복사해 이력으로 남겨둘 수 있습니다.** 이 기능이 어떤 때 도움이 되는가 하면, 예를 들어 URL을 복사 & 붙여넣기로 리스트를 만들고 싶을 때 보통은 1건씩만 복사 & 붙여넣기를 할 수 있지만, 스니펫을 사용하면 한 번에 복사한 다음 한꺼번에 붙여넣기를 할 수 있습니다. 물론 후자 쪽이 압도적으로 효율이 높으므로, 시간을 단축하고 싶은 분은 꼭 사용해 보시기 바랍니다.

10

허세는
보는 사람이 없으면 의미가 없다

앞에서와 비슷하게 메일을 활용하는 허세의 기술로 'CC, 즉 메일 참조 목록 범위를 1.5~2배까지 늘리는 방법'도 추천합니다.

젊은 독자분 중에는 '응?' 하고 놀라시는 분이 계실지도 모르겠습니다. 얼마 전에 뉴스에도 나왔지만, 요즘 젊은 직원 중에는 CC에 상사를 넣지 않으려 하는 사람들이 늘고 있다고 합니다. 자신이 쓴 메일을 남에게 보이기가 부끄럽거나, 실수가 바로 들킬까 봐 두려운 것이 주요한 이유라고 합니다.

하지만, CC에 넣어야만 하는 관계자를 넣지 않고 메일을 쓰다 보면, 상사는 "왜 몰래 하는 거야?", "보여주기 싫을 만큼 부끄러운 일이 있는 거야?", "정말로 일을 하고 있긴 한 거야?"라며 이상하게 여기게 되고, 정보 공유나 팔로우업 측면에서도 좋지 않습니다. 게다가 무엇보다도 상사를 CC에 넣지 않으면, 자신이 얼마나 애써 일하고 있는지 상사가 알 도리가 없으므로, 좋은 평가를 얻기 힘듭니다.

아무리 일을 잘해도, 그 일을 보고 평가해 줄 사람이 없다면 의미가 없습니다. 그러니 메일을 주고받을 때는 반드시 상사를 CC에 추가합시다. 그것도 가능하면 직속 상사뿐만 아니라, 그 위의 상사까지 넣도록 합시다. 느낌상 지금까지 '대충 여기까지 CC에 넣으면 되겠지'라고 여겨왔던 범위보다 1.5~2배 많은 관계자까지 추가하기를 추천합니다. 그것만으로도 주변에서 보는 업무의 유통량이 압도적으로 늘어나므로 '저 사람은 열심히 일하고 있구나'라는 부분이 전달되고, 보통은 CC에 들어가지 않을 법한 높은 분까지 넣어두면 '나까지 CC에 넣는다는 건, 그만큼 자신이 있다는 말인데'라며 마음대로 해석하게 됩니다.

저도 라쿠텐 시절에 이런 소소한 기술 덕에 임원에게 칭찬받았던 적이 있습니다.

입사 2년 차로, 신입사원 교육 담당이었을 때의 일입니다. 교육 담당은 자신이 담당하는 신입사원에게 매일 피드백 메일을 보내야 한다는 규칙이 있었습니다. 저와 같이 교육 담당이 된 동기는 모두 직속 상사까지만 CC에 추가했지만, 저는 부서의 임원과 매니저가 들어 있는 CC 그룹까지 추가해 피드백 메일을 보냈습니다. 그랬더니 임원 중 한 명이 어쩌다 저와 신입사원이 주고받았던 메일을 흥미롭게 읽었나 봅니다. 제 상사에게 "오하라 씨는 피드백도 친절하고, 후배를 잘 관찰하고 있군요"라는 이야기를 했다고 합니다.

사실을 말하자면 제가 그 정도로 신입사원 교육을 잘했던 것은 아니었지만, 그 임원은 다른 교육 담당의 피드백 메일을 볼 기회가 없었기 때문에, 저만 후배 지도를 철저하게 하는 것처럼 보였던 듯합니다. 그 임원의 코멘트가 영향을 미친 탓인지, 그해 인사 평가는 후배 육성 항목에서 최고점을 받았습니다.

만약 임원 그룹을 CC에 넣지 않고, 피드백 메일을 직속 상사에게만 보냈다면 제 노력이 임원의 눈에 들 일도 없고, 평가에 영향을 미칠 일도 없었을지 모릅니다.

심지어 CC는 '만약을 위해 봐 주십시오' 정도로 가벼운 의미이기 때문에 회신 의무도 없습니다. 상사가 가볍게 흘려 읽어 상황을 파악해 두는 정도면 충분하고 부담스러울 일도 거의 없으므로, 안심하고 CC에 넣어도 좋습니다.

　다만, 가끔 CC 때문에 메일 양이 늘어나는 것을 싫어하는 사람도 있으니, 지금까지 CC에 넣은 적 없는 사람을 새롭게 추가할 때는 다시 한번 "○○님, 혹시 무슨 일이 생겼을 때 봐주셨으면 해서 고객과 메일을 주고받을 때 CC에 넣으려고 합니다. 평소에는 읽지 않으셔도 괜찮습니다. 감사합니다"와 같은 멘트를 써두면, 상사가 불쾌하게 여길 일은 없을 것입니다.

상사가 안 된다고 하면
그보다 더 '위'의 상사를 이용하라

많은 회사원은 상사라고 하면 직속 상사를 떠올리고, 그보다 더 위의 상사는 구름 위의 존재까지는 아니더라도 '나와는 관계없는 사람'이라고 인식할지도 모릅니다. 하지만 회사 조직에서는 윗사람일수록 강력한 힘을 가지므로, 메일 CC뿐만 아니라 평소에도 적극적으로 관계를 구축하는 편이 득이 됩니다. "이런 기획을 해보고 싶습니다"라거나, "연봉을 올려주십시오"처럼 직속 상사에게는 통과되지 못할 일도 그 윗사람에게 직접 이야기하면 의외로 쉽게 OK를 받을 수 있기도 합니다.

특히 직속 상사가 권위적인 스타일이라 곤란하다면 '상사의 상사'가 지닌 권위를

잘 이용해 보기를 추천합니다. 권위적인 상사는 어떻게든 해보려 해도 해결될 가능성이 거의 없으므로, 그보다 더 위의 상사에게 메일 등을 보내 상담해 보는 것이지요. 상사의 상사로서는 '부하'의 문제를 해결하는 것도 중요한 평가 축 중 하나이므로, 그저 그렇게 지나치지 않고 어떤 조치건 취해 줄 것입니다.

저도 신입 시절에 소속 부서의 윗사람에게 찍혀서 심각하게 많은 업무를 떠안은 적이 있었습니다. 그래서 그 선배보다 더 윗사람인 매니저에게 상황을 보고했고, 두 사람 사이에서 어떤 이야기가 오갔는지는 모르지만, 약 일주일이 지나자 선배의 괴롭힘이 딱 멈추었습니다.

이러한 고발을 '비겁하다'라고 느끼는 사람이 있을지도 모르겠지만, "여차하면 당신보다 윗사람에게 달려가겠습니다"라는 압력을 가하는 편이 좋은 경우도 종종 있습니다. 특히 권위적인 상사에게는 이런 스타일의 허세가 가장 잘 통합니다.

권위에 대응하기 위해서만이 아니더라도 높은 사람들과 잘 지내서 손해 볼 것은 없습니다.

제 고객 중에 대기업 컨설팅 회사 임원을 거쳐 외국계 PR 회사의 사장에 취임한 A씨라는 분이 계십니다. 그 분에게 "어떻게 그렇게 빠르게 출세할 수 있었는지 비결을 알려주었으면 좋겠다"라고 여쭈어봤더니, **"상사의 상사와 식사하라"**라는 답을 들을 수 있었습니다.

직장에 새로운 사람이 들어오면, 대부분 회사에서는 동료나 상사와 친분을 다지기 위해 점심 식사 모임을 가집니다. 그러나 그러한 식사 모임에 참석하는 것은 직속 상사까지만이고, 부문의 보스 역할인 상사의 상사가 참석하는 일은 드뭅니다.

거기서 A씨는 이직이나 전근으로 새로운 직장에 갈 때마다 상사의 상사 자리로 가서 "새로 입사한 A라고 합니다. 업무에서 직접 뵐 일은 없을지도 모르지만, 같은 조직에서 근무하게 되었으니 잘 부탁드립니다"라고 가볍게 인사하고, "혹시 괜찮으시면 식사라도 함께할 수 있을까요?"라고 먼저 권했다고 합니다.

직속 상사는 물론이고, 상사의 상사 자리까지 가서 먼저 연결고리를 만드는 일은 평범한 사람이라면 보통 하지 않을 일입니다. 하지만 확실히 처음에 이런 식으로 인사를 해 두면, 적어도 얼굴과 이름은 확실하게 각인시킬 수 있습니다. **A 씨는 그러한 관계성을 기반으로 자기 기획을 통과시키고 싶을 때나 회사에 요청할 일이 있으면 상사의 상사에게 직접 메일로 여쭈어보고, 계속해서 자기 의견을 통과시켰고, 결국 출세하게 되었습니다.**

원맨 회사에서는
'사장의 위엄'을 빌리는 허세를 부려라

상사가 안 된다면 상사의 상사 — 그 궁극적인 모습은 사장과 친해져서 사장의 권위를 빌리는 것입니다. 특히 원맨 사장이 경영하는 중소기업이라면, 사장에게 허락만 받는다면 어떤 기획이건 의지대로 통과시킬 수 있습니다.

'중소기업에서는'이라고 말씀드렸지만, 대기업에서도 사장에게 직접 보고하는 것은 의외로 효과가 있는 방법입니다. 실제로 제가 라쿠텐 시절에 기획했던 '구마모토 상품을 사서 응원하는 기획'도 그런 패턴이었습니다. 지진 피해 지역을 위해 한시라도 빨리 기획을 실현하고 싶었던 저는 매니저도 부문의 보스도 뛰어넘어 미키타니 사장님께 직접 메일로 기획서를 보냈습니다. 그러자 겨우 5분, 10분이 지난 뒤 사장님에게 "좋군요, 해봅시다!"라며 승인 사인을 받았고, 저는 그 메일을 인용해 "이미 사장님께 허락받았으니, 시작하겠습니다"라고 기획을 적극적으로 추진했습니다.

이때 어쩌다 미키타니 사장님이 저 같은 말단 사원의 메일을 살펴보게 되었는가 하니, 기획 내용이나 메일 쓰는 방법이 좋았던(허세를 잘 부렸다) 부분도 있겠지만, 가장 큰 이유는 시간적 여유가 있었기 때문일 것입니다. '미키타니 사장님 정도 되시는 분은 분명히 항상 업무로 바쁠 것이다'라고 생각할 수도 있겠지만, 일본의 대기업 사장들은 대부분 자기 담당 업무가 없으므로 가끔은 완전히 일정이 비어 있기도 합니다. 그 타이밍에는 오히려 직원에게 받은 메일을 즐겁게 읽거나 면담을 진행합니다.

그런데도 일본에서는 '일개 사원이 사장님에게 뭔가를 보고하다니 황공하다'라고 생각하는 사람이 많으므로, 사장은 좀처럼 젊은 직원들과 접점을 가지기가 어렵습니다. 사실은 더 많은 젊은 직원들과 접해보고 싶다 — 더 정확하게 말하자면 '젊은 직원들의 목소리를 잘 듣고 승인해 주는, 사려 깊은 나 자신'을 연출하고 싶은데도,

그런 기회를 가지기 어려워 아쉽다고 생각하는 사장들이 상당히 많습니다.

　미키타니 사장님도 사내 조회 시간에 매일같이 "무슨 일이 있으면 저에게 직접 메일 보내 달라"라고 말했지만, 실제로 메일을 보낸 사람은 없었던 듯, 얼마 지난 뒤에 "이렇게 말하는데도 아무도 메일을 보내지 않는군!"이라고 한탄하며 말했습니다. 사실은 젊은 직원들과 어울리고 싶은데, 아무도 다가오지 않는 것입니다. 알고 보면 '우리 회사에는 사장에게 직접 보고할 만큼 열정적인 젊은 직원이 있다'라고 생각하고 싶고, '그런 열정적인 젊은 직원을 인정해 주는, 마음 넓고 좋은 사장'이라는 역할도 맡아 보고 싶은데, 이를 실현할 수 없어 안타깝다고 생각하고 있을 테지요. 제 기획이 즉시 채용된 배경에는 미키타니 사장에게 그런 심리가 있었기 때문이라고 추측하고 있습니다.

　그러니 여러분도 사장들의 그러한 욕망을 잘 이용해 보시기를 추천합니다. **사장은 언제나 아랫사람들의 제안에 목말라 있고, 사장에게 직접 보고할 정도로 허세 있는 젊은 직원을 발견해 발탁하고 싶어 합니다.**

　얼마 전에 경영자 모임에서 알게 된 증권 트레이더인 B씨도 사장에게 직접 컨택해 기회를 잡게 된 사람이었습니다.

B씨는 젊을 때부터 트레이더에 흥미를 느꼈고, 실제로 15살 정도부터 투자를 시작해 상당한 실력을 갖추었지만, 입사 기준에 맞는 학력을 갖추지 못했기에 정규 루트로는 증권회사에 취직할 수 없었습니다. 파견직 전화 상담원으로 겨우 대기업 증권회사에 들어갈 수 있었다고 합니다.

그 증권회사 사장님은 『삼국지』를 아주 좋아했고, 특히 군사인 제갈공명이 주군에게 직언하는 에피소드를 좋아한다고 자신의 저서에서 공언하고 있었습니다. 이를 알게 된 B씨는 정사원도 아닌 말단이었는데도, 사장님에게 "현재의 이 같은 상황에서 이 트레이드는 틀렸다", "지금 회사 조직은 여기에 문제가 있다" 같은 내용의 메일을 매일같이 보냈다고 합니다. 그러던 어느 날 드디어 사장님이 "이 녀석은 대체 누구야?"라며 B씨를 찾았고, 직접 만나 이야기를 나눌 수 있게 되었습니다. B씨는 이렇게 좋은 기회를 놓치지 않고 "사장님이 좋아한다고 말씀하신 공명의 에피소드를 따라, 실례인 줄 알면서도 그 같은 메일을 보내 보았습니다. 저는 부모님의 빚을 갚기 위해 15세부터 증권 거래를 시작했고, 20세까지 3억 엔을 벌어 모든 빚을 갚았습니다. 증권 거래 관련한 지식이나 열정은 누구에게도 지지 않습니다! 꼭 이 회사에서 트레이더로 일할 수 있도록 도와주십시오!"라고 이야기했다고 합니다.

그 결과, B 씨는 전화 상담원에서 트레이더로, 이례적으로 발탁되었습니다. 이동 후에는 눈에 띄는 성과를 내어 독립한 이후에도 크게 성공했습니다.

B씨가 근무했던 곳은 일본 굴지의 대기업 증권회사였는데, 그만큼 경직된 회사의 사장까지도 말단 사원이 보낸 메일을 살펴보고, 메일에 쓰인 제안에 귀를 기울이는 '마음 넓은 사장'인 척하고 싶은 마음이 있었던 것입니다.

제  장

나 자신을 프로듀싱할 때도 허세가 필요하다

SNS를 일기라고 착각하지 마라!
'약한 소리'나 '감상'을 뱉지 말자

여러분은 평소 '셀프 프로듀싱'에 신경 쓰며 일하고 있습니까?

자기 성과나 공헌 정도를 가시화해, 상사나 고객에게 어필하고자 하는 사람과, 자신을 팔려는 생각도 없이 일을 하는 사람은 같은 성과를 내더라도 그 평가는 하늘과 땅만큼 차이가 납니다.

심지어 평소 셀프 프로듀싱을 신경 쓴다고 해도 '내 있는 그대로를 좋게 평가해 주었으면 좋겠다' 정도의 마음가짐으로는 대단한 평가를 얻을 수는 없을 것입니다. 아무리 좋은 평가를 받는다 해도 자기 실력에 상응하는 평가밖에 받지 못합니다.

그런 부분에서 허세력이 있는 사람은 다릅니다. 셀프 프로듀싱을 할 때도 있는 그대로의 나 자신을 내보이는 것이 아니라, 한 단계 위인 사람처럼 보이게끔 프로듀싱하기 때문에, 한 단계 위인 인재로 평가와 보수를 받을 수 있습니다.

셀프 프로듀싱하는 방법에는 여러 가지가 있지만, **요즘 시대에 자신을 효율성 높게 팔려면, 무조건 SNS를 활용해야 합니다.** 경영자나 프리랜서는 물론이고, 일반 회사원도 SNS 소양이 있으면 시장에서의 자기 가치가 높아지고, 기회도 넓어지게 됩니다.

그렇게 말하는 저도 YouTube에서 21만 명, X(옛 Twitter)에서 4만 명, Line에서 1.4만 명, 그 외에도 TikTok 등에서 2만 명, 총 27만 명 정도 팔로워가 있습니다. 이 SNS를 통해서 많은 일거리가 굴러들어 옵니다.

한편, 비슷하게 SNS에 힘을 쏟는 동업자 중에도 팔로워가 전혀 늘지 않는 사람도 있고, 팔로워가 늘어도 일로 연결되지 않는 사람이 있습니다. 원인은 그 사람들이 기본적으로 SNS 사용법에 대해 착각하고 있기 때문입니다.

사업가에게 SNS는 허세를 부려 '캐릭터'를 만들어 내는 장이라고 할 수 있습니다. 취미나 교류 목적인 경우는 다르겠지만, 비즈니스를 유리하게 진행하기 위해 SNS를 활용한다면, 단 한 가지만 하면 됩니다. **'보여주고 싶은 나'의 캐릭터를 설정하고, 그 캐릭터와 어울리는 컨텐츠를 업로드하는 것입니다.**

그런데, 사람들은 대부분 '내 모습'을 SNS에 전시하는 것에 그치고 맙니다. 특히 SNS를 일기장으로 착각하는 패턴이 가장 흔한데, "오늘은 회사 근처 라멘 식당에서 미소 라멘을 먹었습니다"라거나 "오늘도 열심히 일하고 있습니다~"처럼 솔직하게 말해서 아무래도 상관없는 정보를 업로드하는 것이지요. 안타깝게도 이렇게 하면 아무리 애써 업로드해봤자 비즈니스 기회는 생겨나지 않습니다.

'있는 그대로를 올리는 게 뭐가 나빠. 인기 있는 인플루언서 아무개도 있는 그대로 속마음을 이야기하는데'라고 생각하신 분은, 말 그대로 아무개 씨의 허세에 속아 넘어간 것입니다.

얼핏 보기에는 있는 그대로를 솔직하게 이야기하는 것처럼 보이는 계정이라도, 인기 있는 사람은 반드시 '캐릭터'를 연기하고 있습니다. 있는 그대로의 속마음을 말하는 인플루언서는 '있는 그대로의 속마음을 이야기하는 캐릭터'라는 설정으로 운영할 뿐, 자기 생각을 그대로 흘려보내는 것은 아닙니다.

애당초 SNS 피드만 보고 자신의 모든 것을 이해해 주기란 힘듭니다. 그러니 SNS에서는 '있는 그대로의 나'를 보여주려고 하지 말고, '내 속에 존재하는 어떤 부분'만을 꺼내어 캐릭터를 설정하고, 그 캐릭터가 말할 것 같은 이야기나 좋아할 것 같은 주제만 업로드해야 합니다.

'잘생긴 카리스마 사장님'이라는 캐릭터를 설정했다면, 성공 사례나 강한 의견만 업로드하고, "오늘은 거래처에서 이런 기분 나쁜 일이 있었다", "인생 참 살기 힘들다"처럼 캐릭터와 맞지 않는 약한 소리는 내뱉지 말아야 합니다.

SNS에서는 오히려 '논란이 될 만한 주제'를 꺼내자

SNS상에서 어떤 캐릭터를 연기할지는 자유이지만, '찬반이 나뉘는 주제'나 '업계 내에서 터부시되는 주제'에 대해 자기 생각을 명확하게 밝히는 캐릭터는 화제에 오르기가 상당히 쉽습니다. 서장에서도 언급했듯이 일본인은 마쓰코 디럭스나 아리요시 히로유키처럼 평범한 사람은 입에 담기 어려워하는 이야기를 시원스레 내뱉는 사람을 좋아하기 때문입니다.

예컨대 출판업계에서는 요즘 ChatGPT 대처 방법이 화제입니다. ChatGPT를 사용해야 하나 말아야 하나, 사용한다면 어느 정도까지 사용해도 되는가? 사람마다 의견이 다르고, 적극적으로 사용해야 한다는 사람이 있는가 하면, AI에 과도하게 의지하는 것은 위험하다고 생각하는 사람도 있기 때문에, 대다수 사람은 "지금 타이밍에서 잘못 말했다가 반대파에게 두들겨 맞을 것 같다"라며 명확한 입장을 밝히지 못합니다. 그런 와중에 "인기 MZ 작가"라는 캐릭터를 설정한 사람이 "앞으로 원고는 모두 ChatGPT가 쓰게 하고, 인간은 그 원고를 컨트롤만 하면 된다. 작가는 문장 쓰는 일을 하지 않게 될 것이다"라는 피드를 올린다면, 아마도 조회수가 엄청나게 늘어날 테지요.

물론 반발하는 목소리도 있겠지만, **논란이 될 만한 주제는 확산하기 쉽습니다.** 그래서 일을 발주하는 사람들의 눈에 들게 되면 "이 사람은 뭔가 재밌어 보이니, 다음에 한번 일을 부탁해 봐야겠다" 같은 이야기를 나누게 될 가능성이 높아집니다. 만약 "오늘은 점심으로 무엇을 먹었다, 맛있었다" 같은 내용만 업로드했다면, 절대로 이런 일은 일어나지 않을 것입니다.

제가 SNS에 지금껏 가장 화제를 일으켰던 콘텐츠는 일본의 코로나 대응책에 대해 문제를 제기했던 것입니다. X에서는 만 건 이상의 리트윗을 일으킨 콘텐츠가 20개 가까이 있었고, YouTube 영상도 수십만 회나 재생되었습니다.

어째서 그렇게까지 반향을 일으킬 수 있었는가 하면, 당시는 코로나 대응책으로 인해 계속해서 무언가를 인내해야만 했고, 따르지 않는 사람은 국민이 아니라는 분위기가 일본 전체를 감싸고 있었습니다. 그런 와중에 나름대로 경영자라는 위치에 있는 제가 "이런 식으로 경제를 멈춘다면 오히려 경제 때문에 사람이 죽어가게 되지 않겠는가!"라며 목소리를 높였기 때문에 단숨에 확산했고, 팔로워가 놀라울 만큼 늘어나, 다른 경영자에게 "하기 어려운 말을 잘 해 주었다!"라는 목소리가 다수 되돌아왔습니다.

이처럼 **'신념 있는 팔로워'를 얻게 되는 것이야말로 경영자가 SNS를 설립하는 가장 큰 목적이라고 할 수 있습니다.** 제 경우에도 코로나 대응책에 관한 생각에 공감해 준 중소기업 사장이 몇 번이나 컨설팅이나 프로듀싱을 의뢰해 주었습니다. 반대로 이처럼 바로 업무로는 이어지지 않아도, 다음에 책을 출간했을 때 구매해 주거나, 크라우드 펀딩을 지원해 주는 등 신념 있는 팔로워는 장기적으로 강력한 내 편이 되어 줄 것입니다.

또한 SNS에서 허세 부리는 캐릭터를 연기하는 것은 경영자나 프리랜서뿐만 아니라, 회사원에게도 유익합니다. 어쨌건 현대는 N잡 시대이므로 **'신념 있는 팔로워'가 있다면 회사원을 하면서도 기업가와 유사한 활**

동에 도전해 볼 수 있을 것입니다.

여담입니다만, 코로나 이야기로 화제에 오른 덕에 생각지도 못한 부수입이 생겼습니다. 제 피드를 보았던 출판사에서 제안을 해와, 코로나 문제를 정리한 책을 출간하게 되었기 때문입니다. 지금까지 비즈니스 책은 몇 권 출간했지만, 사회문제를 직접적으로 추궁하는 책은 낸 적이 없으므로 정말 읽어주는 분이 계실지 불안했습니다. 결과적으로 X와 YouTube에서 홍보했을 뿐인데 3일 동안 1.2만 부나 팔렸고, Amazon의 종합 순위에서 3일간 연속 1위를 차지하는 등 상당한 판매고를 기록할 수 있었습니다.

3

안티는 무시해라! 잘못 엮이면 모처럼 설정한 캐릭터가 붕괴된다

SNS에서 논란이 될 만한 주제를 던지다 보면 "비난받지는 않나요?", "업무에 악영향을 미치지 않나요?"라고 걱정하시는 분도 계시는데, 결론부터 말씀드리자면 비난을 받지도, 악영향을 미치지도 않습니다. 제 계정뿐만 아니라, 지금까지 YouTube 프로듀서로서 운영을 지원했던 200곳 이상의 회사 채널 모두가 마찬가지입니다.

애당초 논란이나 온라인 루머로 인한 피해 자체가 일반 사람들이 생각하는 만큼 빈번하게 발생하지 않습니다. 자신과 다른 의견에 부정적인 댓글을 다는 사람들은 있습니다. 그런데 그 사람들이라고 해서 회사를 망가뜨려 주겠다든가, 철저하게 괴롭혀 주겠다는 강한 의지를 가지고 댓글을 다는 것은 아닙니다. 그저 머릿속에 떠오르는 대로 혼잣말을 하는 것뿐입니다. 그런 말 하나하나에까지 크게 반응할 필요가 없습니다.

머릿속에 떠오르는 대로 아무렇게 험담하는 일은 예전부터 있었던 일입니다. 제가 초등학교 시절에는 아버지가 텔레비전을 보면서 "저 출연자는 저런 것도 모르다니 바보 같구먼"이라며 혼잣말하는 일도 종종 있었습니다. **SNS에 만연한 비난도 그저 평범한 가정에서 나누던 잡담이 시각화된 것일 뿐**, 깊은 의미는 없습니다. 이를 재밌어하며 일을 크게 만드는 사람도 있지만, 웬만하면 실제 피해는 없으므로 앞서 걱정하지 않아도 됩니다.

또 한 가지 기억해 두어야 할 점은 **어떤 SNS이건 팔로워가 1만 명을 넘어갈 정도로 화제가 되면, 5~10% 정도는 반드시 안티가 생긴다는 것입니다.** 예컨대 "가라아게를 좋아합니다"라는 평범한 말에도 "가라아게를 좋아한다고 하면 돈까스 식당이 슬퍼할걸. 영업 방해다!"라며 말을 얹는 사람이 나타나기 마련입니다. 이러한 안티는 발언 내용이 좋은지 나쁜지와 관계없이 반드시 생겨나므로, "그런 사람이구나"라고 딱 자르고, 하나하나 마음에 두지 마시기를 추천합니다.

안티가 생겼을 때 절대 해서는 안 되는 행동이 '반론'입니다. 반론을 제기하면 기껏 허세를 부려 구축해 온 SNS 속의 캐릭터가 붕괴하고 맙니다. "이 사람은 지루해"라는 댓글에 "그렇게 말하는 당신이 더 지루해!"라고 반론을 달면, '격이 떨어지는 사람과 대등하게 이야기하는 사람'이라는 이미지가 되어, 단번에 카리스마를 잃어버리고 맙니다.

SNS에 달린 안티 댓글에 반응하는 일은 마치 세계적인 프로 복서 메이웨더가 길거리에서 시비를 걸어 온 중학생에게 진심으로 화가 나서 펀치를 날리는 것과 같은 일입니다. 그런 모습을 보면 오래된 팬조차도 "중학생을 상대로 어른스럽지 못하다"든가 "대체 얼마나 그릇이 작은 것이냐"라며 실망하고 말겠지요.

급이 낮은 사람을 진심으로 상대하는 것은 꼴사나운 일입니다. 현실 세계에서 상상해 보면 누구든 이해할 수 있지만, 어째서인지 SNS에서는 안티와 같은 진흙탕에서 뒹구는 사람이 적지 않습니다. 그런 실수를 저질러 팔로워에게 환멸 당하지 않도록, 안티가 나타나면 조용히 차단하는 습관을 일찍부터 들이기를 추천합니다.

잠재고객에게
'신념'을 말하는 것은 난센스!
상대방이 기대하는 것은 '실적'뿐이다

여러분은 홈페이지나 SNS 프로필에 어떤 정보를 공개하고 있습니까?

경영자나 인플루언서를 막론하고 흔히 하는 실수가, 자신의 이념이나 생각을 먼저 전하려고 하는 것입니다. 예를 들어, 침구업체 사장이라면 프로필란에 "여러분에게 쾌적한 수면과 미소를 안겨드리기 위해 이불을 만들고 있습니다" 같은 말을 하는 경우입니다.

이는 완벽하게 실패한 멘트입니다. 일대일로 만났을 때 열정적으로 신념을 전한다면 모르겠지만, 인터넷상에서 기업 이념을 주절주절 말한다고 해서 공감해 줄 사람은 아마도 1000명 중 단 한 명도 없을 것입니다. 보통 사람들은 중소기업의 사장이 무엇을 생각하는지, 어떤 마음으로 사업을 꾸리고 있는지에 일말의 관심조차 없기 때문입니다.

어떤 사람이 중소기업 홈페이지나 SNS에 일부러 들어갔다면, 그 목적은 그 회사의 상품이나 서비스가 어떤 것이고, 거래처로서 신뢰할 만한지 아닌지를 조사하기 위해서입니다. 방문자들이 알고 싶은 정보는 신념이 아니라 오직 '실적'뿐이며, **홈페이지에는 자사 상품이나 서비스가 어느 정도 팔리고 있는지, 사장이 어느 정도 대단한 사람인지를 구체적인 수치나 비주얼을 활용해 알기 쉽게 정리해 두는 것이 가장 좋습니다.**

저도 독립 직후에는 사람들을 만날 때마다 "자신이 이런 회사를 만들었고, 이러한 서비스를 제공하고 있으며, 이런 식으로 회사를 바꾸어나가고 싶습니다!"라고 열변을 토했습니다. 그러나 다음에 만났을 때 제가 말했던 내용을 기억해 주는 사람은 아무도 없었습니다. 유일하게 모두가 기억해 준 것은 '라쿠텐 출신'이라는 것뿐이었습니다.

즉, 사람이라는 존재는 **권위에 기대어진 알기 쉬운 실적에만 흥미를 느낀다 —** 솔직히 말하자면 그것이 이 세상의 진실이라는 점을 깨달은 순간이었습니다.

그 이후 저는 처음 만나는 사람에게 신념 전하기를 그만두고, "라쿠텐 출신입니다", "라쿠텐 사상 최연소로 라쿠텐 슈퍼 SALE 프로듀서가 되었습니다" 같은 이야기만 하게 되었습니다. 그러자 "대단하네요!", "우리 회사 온라인 유통 컨설팅 좀 부탁드리겠습니다" 같은 반응과 함께 순조롭게 수주를 받게 되었지요.

만약 '나는 따로 어필할 만한 실적이 없는데'라고 생각한 분은 제2장을 다시 한번 읽어봐 주십시오. 무슨 일이건 수치화하려고 하면 가능하고, 혹시 소소한 실적이라고 해도 월 단위나 연 단위로 집계해 보면 대단한 숫자로 변할 것입니다. 티끌 모아 태산이라는 말처럼, **지금까지 달성한 실적을 총동원해 '대단해 보이는 숫자'를 짜내는 것입니다.**

사람은 권위나 미디어에 약하다! 이를 충분히 활용해 착각하게 만들어라

홈페이지나 SNS에서는 실적을 어필해야만 한다고 말씀드렸지만, **허세를 잘 부리는 회사는 '다른 사람의 입'을 통해 실적을 어필합니다.** 스스로 자신이 얼마나 대단한지를 어필하는 것보다 다른 사람, 가능하면 권위가 있는 사람이나 미디어가 대단하다고 이야기하면, 허세 효과는 더욱 높아지기 마련입니다.

당사 홈페이지를 예로 들어보면, '대표 프로필'에는 라쿠텐 시절부터 지금에 이르기까지의 실적을 '이렇게나?'라는 생각이 들 정도로 많이 열거해 두었습니다. 인쇄하면 A4용지로 30페이지 이상은 족히 나올 정도의 분량이지만, 비주얼 중심으로 구성했기 때문에 슬쩍 흘려 보기만 해도 어떤 일을 했는지 알 수 있고, 심지어 '이 사람 대단한데'라는 인상을 줍니다.

'대단한데'라고 생각하게 만들 수 있는 이유는 이미지 대부분이 제가 출연한 텔레비전 프로그램 캡처 화면이나 제가 출간한 서적 소개 기사이기 때문입니다. 이러한 자료를 대량으로 보여줌으로써 '오하라 사장은 텔레비전에 몇 번이나 출연한 능력자다', '책도 몇 권이나 출간하고, 심지어 여러 군데서 화제가 되었구나' 같은 이미지를 강렬하게 남깁니다.

'미디어가 주목할지 아닐지는 거의 운이잖아'라고 생각하신 분은 인식을 새로이 할 필요가 있습니다. **미디어가 주목하는 사람이나 기업은 어쩌다 보니 운 좋게 취재를 받은 것이 아니라, 취재받을 만한 노력과 궁리를 했기 때문입니다.**

우선 **홈페이지나 SNS는 무조건 개설해야 합니다.** 텔레비전이나 잡지 편집자는 기본적으로 인터넷에서 정보를 수집하기 때문에, 홈페이지나 SNS 계정이 없으면 애당초 발견할 수가 없습니다.

다음으로는 홈페이지나 SNS에 지금까지의 실적을 알기 쉽게 정리해 두어야 합니다. 제가 텔레비전에 출연하게 된 계기도 제가 쓴 책을 읽고 흥미를 느낀 방송 관계자가 대표 프로필의 실적을 보고 '이 사람은 믿을 수 있겠군'이라고 생각해 연락을 주었기 때문입니다. 만약 제가 프로필에 신념만 이야기하고, 구체적으로 무엇이 어떻게 대단한 사람인지를 한눈에 알기 쉽게 정리해 놓지 않았다면, 바쁜 방송 관계자는 '됐어. 다른 사람을 찾아보자'라며 포기했을지도 모릅니다.

또 일련의 미디어 대책이 열매를 맺어 **어떤 미디어가 자신을 소개해 주었다면, 반드시 그 정보를 프로필에 추가해 두기를 추천합니다.** 어떤 미디어에 출연했다는 사실 자체가 일종의 신분 증명, 즉 '신분이 확실하다'라는 증거가 되므로, 또 하나의 미디어 대책이 되기 때문입니다.

이 역시 예컨대 방송으로 유명해 진 사장이 체포되거나, 물의를 일으켰을 때 그 사장을 출연시킨 방송국이 1곳뿐이라면 "○○방송국도 공범 아니야?"라며 문제가 될 수도 있지만, 몇 군데 방송국에 출연했다면 "××방송국과 △△신문에도 나왔으니, 우리만의 책임이 아니다"라고 변명할 수 있습니다. **그 때문에 미디어는 타사에도 출연했던 적이 있는 사람을 선호해 출연을 타진하는 경향이 있는 것입니다.** 아마 저에게 출연 요청이 왔을 때도 방송국 내에는 "이 오하라라는 사람은 다른 방송에도 출연했고, 책도 냈으니까 괜찮겠지"라는 이야기를 주고받았을 것입니다.

취재 후보자가 어떤 방송에 나왔는지, 또는 나오지 않았는지를 방송국 스태프가 조사하기란 매우 번거롭습니다. 그렇기에 홈페이지나 SNS에 미디어 출연 실적을 정리해 놓고, 이름으로 검색만 하면 간단하게 찾아볼 수 있게 해 두면, 취재팀의 수고를 줄여줄 수 있으므로 미디어 출연 기회가 더욱 늘어나게 됩니다.

방송의 권위를 빌리는 비법!
지방 방송국에는
'돈으로 살 수 있는 기회'가 있다

일본인은 권위에 약하기 때문에 미디어 중에서도 가장 권위 있는 텔레비전 방송에 출연하게 되면, 다양한 방면에서 혜택을 받을 수 있습니다.

우선, 신뢰도가 높아집니다. 단순하게 "YouTube 프로듀서를 하고 있습니다"라고 하는 것보다 "YouTube 프로듀서이고, 유명 코미디언이 진행하는 후지테레비의 버라이어티 방송 〈전력! 탈력 타임즈〉에 출연했습니다"라고 하는 편이 훨씬 대단해 보입니다. 여기에 진행자인 코미디언 아리타 텟페이 씨와 나란히 서 있는 방송 캡처 화면을 첨부해 두면, 더욱 강한 인상을 남길 수 있습니다.

또한 **지명도나 주목도를 높일 수 있습니다.** 방송에 출연한 뒤로 사이트 접속이 10~20배 정도 급증했고, SNS에 "이 프로그램에 출연했습니다"라고 올리면, 보통 받는 '좋아요' 수보다 10배는 더 받을 수 있습니다.

이처럼 텔레비전 방송 출연의 효과는 절대적입니다. 특집 등에서 크게 다루어지면, 그 광고 효과는 5000만 엔에 상당한다고 일컬어집니다. 프로필 편집처럼 누구나 할 수 있는 평범한 작업이 5000만 엔으로 변할 가능성이 있다면, 하지 않을 이유가 없을 테지요.

가능한 한 빠르게 미디어 실적을 만들고 싶다면, **지방 방송국에서 '기회를 사는'** 방법도 있습니다. 주요 방송국에는 그런 일이 거의 없지만, 지방 방송국에서는 돈만 내면 방송에서 크게 다루어 주기도 합니다.

예를 들어, 치바 방송국에는 〈나이쓰의 HIT상품회의실〉이라는 30분짜리 프로그램이 있습니다. 중소기업 사장님이 "어떻게 하면 우리 상품이 인기를 얻을 수 있을까?"라며 고민거리를 가져오면, 코미디언 나이쓰가 이런저런 의견을 늘어놓는 형식입니다.

사실 이 프로그램에 출연할 기회는 돈으로 살 수 있습니다. 심지어 중소 벤처기업도 손을 내밀어볼 만한 금액대입니다. 그렇다면 이 방송에 출연한 기업은 돈을 내고 자사 상품이나 서비스를 방송에 내보내고 있다는 것인데, 대부분 시청자는 그런 사실은 알지도 못한 채 '역시, 방송에 나오는 회사는 다르네', '나이쓰가 제안하는 저 상품 좋아 보이네'라고 생각하며 시청하게 됩니다.

그뿐만이 아닙니다. 방송에서 나이쓰나 게스트로 출연한 연예인과 상담하는 장면을 캡처해 자사 홈페이지나 상품 POP 등에서 자유롭게 활용할 수 있다는 점도 커다란 장점입니다. 출연 기회를 돈으로 살 수 있다는 사실을 모르는 사람들은 대부분 "저 연예인과 텔레비전 방송에 출연하다니 대단하다!"라고 생각하고, 브랜딩이나 컨버전 향상으로 이어지게 됩니다.

텔레비전 방송뿐만 아니라, 온라인 미디어도 일반적인 기사처럼 보이지만, 실은 돈을 내고 써주는 홍보 기사가 많이 섞여 있습니다. 뉴스픽스 같은 경제 미디어도 예외가 아니며, 100만 엔 정도인 홍보 비용을 내고 광고성 기사를 쓸 수 있다면, 인지도 향상은 물론이고 이미지 향상까지 기대해 볼 수 있습니다.

그렇게 생각하면 **미디어에 출연하기 위해 수십만~100만 엔 정도를 투자하**

는 것은 절대 과하지 않으며, 오히려 광고비에 비해 저렴하다고 느껴질 정도입니다.

심지어, 처음에 돈을 내고 출연 기회를 사서 '텔레비전 출연'이라는 실적을 만들고 나면, 다음부터는 돈을 내지 않아도 방송국 측에서 "저희 프로그램에도 나와 주세요"라며 말을 걸어올 가능성이 높아집니다. 미디어 특성상 **출연하면 출연할수록 허세의 실적이 쌓여, 출연 의뢰도 더 증가하게 되어 있습니다.**

지방 방송국이나 TOKYO MX 같은 곳에서는 2차 사용까지 허가하는 텔레비전 출연 기회를 광고 패키지로 판매하고 있으니, 반드시 활용해 보시기를 추천합니다.

회사의 상품이나 사장을 적극적으로 출연시켜, 허세를 가속화하고 브랜딩으로 이어질 수 있도록 합시다.

아직 성공하지 못했다면
오히려 '성공한 사람'인 척하라

일본에서 예로부터 내려오는 속담인 '무사는 먹지 않아도 기개가 높다'라는 말처럼, 현실은 일에 쪼들려 힘들더라도, 겉으로는 성공한 사람처럼 행동하는 것이 허세의 기본입니다. 아직 성공하지 못한 컨설턴트와 이미 성공한 컨설턴트 중 누구에게 일을 의뢰하고 싶은지 물어본다면 압도적으로 후자를 고르기 때문입니다.

그래서 저는 독립한 직후에 아직 어떤 실적도 없을 때부터 성공한 사람처럼 행동했습니다. 신칸센으로 이동할 때도 일반석에 해당하는 보통차를 타서 절약하고 싶은 마음을 꾹 참고, 타고 싶지도 않은 특등석 그린차를 타고 "오늘도 그린차로 출장 갑니다" 같은 사진을 SNS에 올렸습니다. 당시 저에게는 상당한 출혈이었지만, 사람은 보이는 것에 약하므로, 이러한 허세 사진을 지속적으로 올리면 '이 사람은 독립한 지 얼마 되지 않았는데, 잘 나가나 보네'라고 생각하게 됩니다. 지금 제가 시세보다 높은 비용으로 컨설팅이나 촬영 의뢰를 받게 된 것도 이처럼 성실하게 허세를 축적해 왔기 때문입니다.

반대로 어느 정도 성공하고 나서도 "오늘도 그린차입니다" 같은 피드를 올리면, '얄미운 스타일'로 비치기 쉬우므로 주의해야 합니다. **성공했다는 사실을 주변에서 이미 다 알게 된 다음에는 돈 자랑은 접어두고, '보통 사람'을 연출하는 편이 호감도를 높이는 데 효과적입니다.** 예컨대 '투자의 신' 워런 버핏은 맥도널드를 매우 좋아해서, 억만장자가 된 지금도 매일 아침 맥도널드 햄버거를 먹는다는 이야기가 많은 사람의 공감을 사고 있습니다. 또는, 대기업 사장이 지금도 초심을 잊지 않고 전철을 타고 출퇴근한다는 이야기를 들으면, 누구나 '서민의 마음을 잘 아는 좋은 사장이다'라는 좋은 인상을 받게 됩니다.

즉, **비즈니스 세계에서 허세를 부리려면 성공하지 않은 사람일수록 성공한 사람처럼 행동하고, 성공한 사람일수록 서민적인 느낌을 내는 것이 정답이라는 말입니다.**

저도 처음에는 "돈은 있을 만큼 있다는 느낌"을 연출했지만, 지금은 이제 회사가 궤도에 올라섰다는 사실을 주변 사람들이 모두 잘 알고 있기 때문에, 최근에는 점차 '서민 느낌'을 내려 하고 있습니다. 실제로 인스타에 "사이제리야(일본의 대표적인 패밀리 레스토랑 - 옮긴이)의 뼈 있는 치킨 너무 좋아!"라는 피드를 올렸더니, "오하라 씨도 사이제리야에 가시는군요"라며 팬스레 반응이 좋기도 했습니다.

결재권자 대다수는 책 읽는 세대!
책을 내기만 해도
'선생' 취급을 받을 수 있다

보통 기업 내 결재권자인 사장이나 임원들은 40~50대가 많습니다. 그에 비해 제가 막 독립했을 때는 겨우 20대 후반이었지요. 백전노장 사장들이 보기에는 신입사원 정도의 나이에 막 노란 털이 났을 법한 햇병아리로, 아무리 라쿠텐에서 화려한 실적을 쌓았다고는 해도 '이런 새파랗게 젊은 사람이 뭘 얼마나 할 수 있겠어?'라고 봐도 어쩔 수 없는 처지였습니다.

하지만 저는 나이가 10~20세 이상 차이가 나는 사장에게 신뢰와 존경받기에 성공했으며, "반드시 오하라 씨에게 부탁하고 싶다"라는 말을 들으며 수많은 컨설팅 계약을 따냈습니다. 또한 50대인 후지 텔레비전의 디렉터에게 텔레비전 방송에 출연해 달라는 오퍼를 받기도 했습니다.

20대 젊은이에게 40~50대 사장이나 방송국 사람이 "부탁드립니다"라며 머리를 숙이다니, 어째서 그런 마법 같은 일이 벌어졌을까요? <mark>가장 큰 이유는 '책 출간'이라는 허세를 부렸기 때문입니다.</mark>

젊은이들은 책에서 멀어진 지 오래라는 요즘도 저에게 돈을 낼지 말지를 결정하는 40~50대는 아직 책을 읽습니다. 온라인이나 SNS를 사용하더라도 책은 특별하며, '책은 하여간 도움이 된다', '책을 낸 사람은 대단하다'라고 여기는 사람이 많습니다. 그런 <mark>활자 신앙 세대에게는 비즈니스 책의 저자라는 허세가 굉장한 효과를 발휘합니다.</mark>

저는 독립한 이듬해에 첫 번째 책을 냈습니다. 경영자로서는 미숙했고, 아직 성공한 것도 아니었지만, 그렇기에 더더욱 책을 냈다는 사실이 저에게 큰 무기가 되어 주었습니다. 라쿠텐 시절에 배운 온라인 유통 노하우를 정리한 그 책은 결재권자 세대에게도 널리 읽혔고, 책을 통해 들어온 수주가 2년간 2500만~3000만 엔 정도였습니다.

<mark>책을 통해 수주가 들어왔다는 사실은 영업에 힘을 쓰지 않아도, 또한 고객 교육</mark>

==도 최소한만 하면 된다는 것을 의미합니다.== 책을 통해 문의하는 사람은 당연히 제 책을 읽어 기초적인 사고방식이나 노하우를 이해하고 있기 때문에 불필요한 커뮤니케이션이 발생하지 않습니다.

심지어 상대방은 저를 '막 독립한 햇병아리'가 아닌 '비즈니스 책을 출간한 훌륭한 선생님'이라고 인식하므로, 시세의 2배나 되는 견적을 불러도 시원하게 수락해 줍니다. 당시 저는 아직 젊고, 사장으로서의 실적도 거의 없었지만, 책을 냈다는 사실만으로도 시세보다 높은 보수를 받을 수 있었습니다.

책을 통하지 않은 일반 수주를 받았을 때는 상대방이 제 책을 읽지 않았다면 첫 상담 때 명함 대신 제 책을 건넸습니다. 예컨대 YouTube 컨설팅을 받았다면 YouTube 노하우를 담은 저서를 "괜찮으시면 사전에 읽어봐 주십시오"라는 말과 함께 드립니다. 그렇게 하면 기본적인 사항을 설명해야 하는 수고를 덜 수 있고, 상대방은 '와, 책까지 냈다니 정말 대단한 사람이구나'라고 생각하게 됩니다. 컨설팅은 상대방에게 신뢰를 받아야만 하는 장사이기 때문에 ==대단한 사람이구나'라고 생각하게 되는 시점에서 절반의 성공은 거둔 셈입니다.==

유명하지 않아도 '상업 출판'을 할 수 있는, 아는 사람은 아는 방법

출판의 장점을 이해하셨다 해도 '나랑은 인연이 없는 세상'이라고 여기는 분도 많으시겠지요.

하지만 실제로는 세간 사람들이 생각하는 만큼 출판의 허들은 높지 않으며, 유명하지 않아도, 실적이 없어도, 경력이 짧아도, 책을 내어 '선생님'이 될 수 있습니다.

물론 자비출판을 추천하는 것은 아닙니다. 자비출판은 확실히 돈만 내면 누구나 책을 내고 저자가 될 수 있지만, 일반서점에 책이 진열되지 않고, '어차피 자비출판이잖아'라고 여겨져 성과를 인정받지 못하므로, 허세의 효과도 기대할 수 없습니다. ==셀프 브랜딩 목적으로 책을 내려면 출판사가 비용을 부담해 완성된 책이 제대로 서점에 진열되는 '상업 출판'이어야만 의미가 있습니다.==

일본에서 상업 출판을 하는 데는 대략 세 가지 방법이 있습니다.

첫 번째는 출판사에서 스카우트를 받는 것이지요. 하지만 출판사에서 "책을 내보시지 않겠습니까?"라며 스카우트를 당하는 사람은 극히 일부의 성공한 사람뿐입니다. 비즈니스 업계라면 IT기업 대표였던 호리에 다카후미, 즉 호리에몬이나, 건강식품 판매회사 사장인 미사키 유타, 즉 청즙왕자 정도의 유명인, 또는 팔로워가 100만 정도 있는 인플루언서 정도가 아니면 출판사에서 먼저 제안하는 일은 없습니다.

두 번째는 스스로 기획서를 써서 출판사에 투고하는 방법입니다. 이 역시 '엄밀히' 말하자면 1000건 중에 3건 정도밖에 통과하지 못할 정도의 좁은 문이므로, 생초보가 기획서를 투고해 본들 채택될 가능성은 거의 없습니다.

제가 추천하는 방법은 세 번째 방법인 '출판 스쿨'로, 유명하지도 않은 일반인이 허세를 부리기 위해 상업 출판을 한다면 이 방법밖에 없다고 단언할 수 있을 정도입니다.

출판 스쿨이란 그 이름대로 출판 주제를 찾는 방법부터 기획서 작성법, 원고 작성법까지 출판에 필요한 모든 노하우를 알려주는 곳입니다. 구체적인 커리큘럼이나 서비스는 운영처에 따라 다양하지만, 출판사와 이어져 있어서 편집자와의 면담까지 확정된 곳에서는 실제로 수강생의 절반 정도가 출판을 합니다. 베스트셀러 작가인 곤도 마리에도 출판 스쿨 출신이며, 저 역시 처음에는 출판 스쿨에서 출판사의 편집자를 소개받아 상업 출판을 했습니다.

출판 스쿨의 수강료는 수만 엔~100만 엔 정도입니다. 이 금액이 비싸다고 느낄지 싸다고 느낄지는 사람에 따라 다르겠지만, 제 경우에는 책을 통해 총 3000만 엔 정도의 수주를 받았으며, 책 출판을 계기로 미디어와 취재를 할 수 있었고, 업무의 폭도 넓어지게 되었으므로 충분히 그 값을 했습니다. **출판은 가장 가성비 좋고, 허세의 효과가 높은 투자처라고 생각합니다.**

'나에게는 책을 낼 정도의 지식이나 노하우는 없다'라고 생각하는 사람도 있겠지만, 그런 걱정은 할 필요가 없습니다. 왜냐하면 비즈니스 책의 독자는 꼭 초일류의 노하우만 찾고 있는 것은 아니기 때문입니다. 평범한 사람에게는 유니클로 창업자인 야나이 다다시의 경영 철학보다 유니클로 점장의 업무 스킬이 더 친근하고 도움이 될 수도 있습니다.

지식수준이 높지 않아도 괜찮습니다. 그 업계 사람에게는 당연한 지식일지라도, 다른 업계 사람에게는 새롭고 흥미롭게 느껴질 수 있고, 어떻게 말을 꺼내느냐에 따라 충분히 한 권의 책으로 완성할 수도 있습니다. 제가 낸 첫 번째 책도 내용의 절반 정도는 라쿠텐 이치바와 관련 있는 사람이라면 누구나 알 법한 상식이지만, 독자들에게 "전혀 몰랐다"거나 "도움이 되었다"와 같은 감상을 많이 받았습니다.

몇 년 전에는 디즈니랜드의 접객 방법을 소개하는 책이 큰 인기를 끌었는데, 그 책을 쓴 사람은 디즈니 중진도 아닌, (실례일 수도 있겠지만) 그저 단순한 전 아르바이트생이었습니다. 그런 책이라 해도 디즈니랜드의 사정을 전혀 모르는 사람에게는 흥미롭습니다. 만약 지금 회사에서 일한 지 1년밖에 되지 않았다 하더라도 '○○업계의 일하는 법'이라는 책을 충분히 쓸 수 있습니다.

스케줄은 조금씩 잘라서 '인기인인 척'하라

저는 온라인 유통 컨설턴트 겸 프로 카메라맨으로 독립했고, 그 후에는 YouTube 프로듀싱이나 부유층 대상으로 한 상품 판매도 사업의 폭을 넓혀가고 있습니다. 출판 전략이 잘 통해서, 미디어에 노출이 증가한 것을 계기로 회사는 순조롭게 성장하고 있지만, 독립 직후부터 순풍에 돛을 달았던 것은 아닙니다. 첫 번째 책이 세상에 나오기 전까지는 그다지 좋은 일을 받지도 못했고, 시간이 남아돌던 시기도 있었습니다.

하지만, 그런 때에도 저는 '바쁜 인기인'인 척을 해왔습니다. 이것이 나

중에 인기를 얻게 될 사람과 계속해서 인기가 없는 사람의 가장 큰 차이입니다. 인기 없는 회사의 사장이나 신출내기 프리랜서는 '한가하니까 언제라도 상대방에게 맞출 수 있다'라는 점이 장점이라고 착각합니다.

예컨대 신규 고객이 문의한 뒤, 한 번 만나서 상담을 해보자는 방향으로 이야기가 흘러간다면 일이 없는 사람은 당연히 일정도 텅텅 비어 있을 테니 "○월 ×일부터 △일까지 2주 동안은 언제든 괜찮습니다"라고 메일을 보낼 것입니다. 당사자로서는 '스케줄에 여유가 있다'라고 말하는 것은 '업무를 정성껏 진행할 수 있다', '융통성 있게 대응할 수 있다'라는 점을 어필하려는 의도겠지만, 상대방은 '왜 이렇게 한가하지? 이 사람은 일이 없나 보군. 의뢰하지 말아야 하나'라고 생각하게 됩니다. 또한 운 좋게 수주를 받았다 하더라도, '이 사람은 한가하니까, 이 정도 수정은 금방 해주겠지'라며 무리한 요구를 할 가능성이 높아집니다.

그래서 저는 ==스케줄이 텅텅 비어 있을 때도 상담 일시를 정할 때는 가능한 날을 2~3개로 한정한 다음, "말씀드린 일정 중 하나로 부탁드립니다"라고 전해두었습니다.== 그렇게 말하면 상대방은 '이 사람은 일정이 쌓여 있나 보구나. 일이 많은 사람 같아서 안심이네'라고 생각하며 안심하고 일을 의뢰하게 됩니다.

'상담 가능 일정을 2, 3일만 제시해서, 상대방과 일정이 맞지 않으면 어쩌지'라고 생각하실지도 모르겠습니다. 그런 경우에는 다시 "그러면 이날은 어떠신가요?"라며 일정을 조절하면 됩니다. 첫 상담 일시 조정이 잘 조정되지 않았다고 해서 상담이 없던 일이 되지는 않으니 안심하셔도 됩니다.

처음에는 일부러 늦게 회신하거나, 비서를 통해 회신해라

제2장에서 메일을 받으면 재빠르게 회신하라는 허세의 기술을 소개했습니다. 그 기술은 상사나 오래된 고객에게는 절대적인 효과를 발휘하지만, 신규 잠재고객에게 받은 문의 메일을 재빠르게 회신하면, 오히려 평가가 낮아지게 되므로 주의해야 합니다.

예컨대 "홈페이지를 보고 귀사 서비스에 흥미를 갖게 되었습니다. 자료 좀 부탁드립니다"라는 메일이 왔다고 해서, '와, 정말 기쁘다!'라고 생각한 나머지 즉각적으로 반응하지 맙시다. 첫 회신이 너무 빠르면 '이렇게 빠르게 회신이 온다는 건, 이 회사는 어지간히 일에 목말라 있다는 의미네. 그럼, 비용을 낮추어달라고 요청해 봐야겠다'라고 생각하게 되어, 교섭 시 위에 서려고 하기 쉽습니다.

그러니 거래 메일이 왔다고 해도, 기뻐서 즉답하는 행동만은 하지 맙시다. ==반드시 반나절에서 하루 정도의 시간을 두고 회신하고, 상대방에게 '문의 메일이 많아서 겨우 우리 회사에 답신을 해주었구나'라고 생각하게끔 연출해야 합니다.== 그렇게 연출하기만 해도 신뢰의 정도가 크게 달라집니다.

시간을 두고 회신하는 방법 외에도, ==비서에게 회신 메일을 보내게 하는 것도 좋습니다.== 그렇다고 해서 정말로 비서를 고용하라는 의미는 아닙니다. 저도 그랬지만, 독립 직후에는 직원을 고용하지 않고 혼자서 꾸려가는 사람이 많습니다. 그럴 때는 새롭게 비서용 메일 주소를 준비해, 첫 문의에는 이 메일로 회신을 해 두면, '비서를 고용할 정도로 여유 있는 회사'라고 생각하게 만들 수 있으므로, 다음에 만날 때 좋은 인상을 줄 수 있습니다.

이러한 ==1인 2역 작전은 영업 외에서도 활용할 수 있습니다.== 예를 들어, 청구서를 보냈는데 상대방이 일정에 맞추어 입금하지 않았을 때, 사장이 먼저 연락하면 '이런 일까지 사장이 직접 하는 거야?'라고 생각하기 쉽습니다. 그럴 때는 경리 담당자 이름으로 재촉하면 됩니다.

아니면 "경리에게 입금이 아직이라는 보고를 받았는데, 확인 부탁드립니다"라고 말하면, 체면을 구기지 않고 대처할 수 있습니다.

조금 옆길로 새는 듯하지만, 제 지인 중에 허세를 대단히 잘 부리는 세미나 강사가 있습니다. 그 지인은 100만 엔 정도의 고액 세미나도 회장을 가득 채울 정도로 인기 있는 강사입니다. 인기 강사가 되는 비결을 물어보았더니 **"행사를 원활하게 도와주는 진행자를 붙여둘 것"**이라는 조언을 해주었습니다.

"이제 드디어, 그 ○○선생님이 등장하십니다! 여러분, 크나큰 박수 부탁드립니다!"

세미나에 등장할 때 이런 소개를 하려고 비용을 내고 진행자를 붙인다는 말입니다. 그렇게 하면 '선생님'으로서의 위엄이 생기고, 수강자들의 만족도도 높아진다는 설명을 듣고, 정말 좋은 허세의 기술이라고 감탄했습니다.

거절당하면 거절당하는 만큼 욕망하게 되는, 인간의 심리를 이용하라

이 책에서 '일본인은 허세에 약하다'라고 다른 사람 이야기를 하듯 서술했지만, 그 피는 저 자신에게도 확실하게 흐르고 있어서, 평소에는 다양한 곳에서 허세를 부리는 주제에 정작 제가 허세에 당하는 처지가 되면 마음을 홀랑 빼앗기고 맙니다. 허세의 구조를 속속들이 알고 있는 저조차도 다른 사람의 허세에는 쉽게 당하고 마는 것이지요. 허세는 그만큼 강력한 힘을 갖고 있습니다.

지금으로부터 수년 전, 영업대행사를 찾고 있었던 저는 인터넷에서 좋아 보이는 곳을 5, 6곳 발견해, 각각 문의 메일을 보냈습니다.

대부분의 회사는 그날 바로 회신이 와서 "편하신 시간에 맞추어드리겠습니다. 지금 당장이라도 미팅할 수 있습니다"라고 강하게 밀어붙이는 느낌이었습니다. 그러나 한 곳만은 다음날에야 겨우 회신이 왔습니다. 그러나 그 내용이 "감사합니다만, 지금은 거의 모든 일정이 차 있습니다. 번거로우시겠지만, 귀사의 규모와 의뢰의 예상 규모, 예상 예산을 알려주실 수 있을까요? 조건이 맞다면 저희 쪽에서 연락드리겠습니다"라는 내용으로, 약간 내려다보는 것처럼 느껴졌습니다.

당연하게도 저는 그 회사에 의뢰하기로 마음먹었습니다. 너무 여유로운 회사보다, 사람들이 많이 찾는 회사가 더 일을 잘할 것이 틀림없기 때문입니다.

동시에 그 회사가 보유한 허세의 기술도 훔치고 싶었습니다. 저 자신도 문의 메일에 답신을 천천히 보내는 기술을 쓰고 있었지만, 그 영업대행사는 한 수 위였습니다. **첫 메일에서 자신들에게 아주 많은 고객이 있다는 느낌을 풍기고, 상대 회사의 규모나 예산까지 알아내려고 했던 것입니다.**

감탄한 저는 바로 그 허세의 기술을 차용했습니다. 즉, 메일로 문의가 와도 바로 이야기를 진행하지 않고, 우리 회사가 얼마나 인기 많은지를 어필한 다음, 예산 등을 간단하게 물어보게 된 것입니다. 이 하나의 단계를 거치는 것만으로 '그렇게 인기가 있다면, 꼭 이 회사에 의뢰하고 싶다'라는 심리가 발동하게 되었는지, 수주율이 한층 높아졌습니다.

업무 의뢰에 즉시 예스라고 말하지 않는 허세의 기술은 정말 효과가 좋으니, 여러분도 꼭 시도해 보시기 바랍니다. 거절하고 나면 그 뒤가 없을 것 같겠지만, 실제로는 그 반대로 사람이라는 존재는 거절당하면 거절당할수록 집착하게 되어 '꼭 이 사람에게 의뢰하고 싶다'라고 생각하게 됩니다.

제 **4** 장

상품이나 서비스를
몇 배나 좋아 보이게 만드는
허세의 기술

착각이 전부다!
고흐의 그림이라고 하면
좋다고 느끼게 된다

저는 온라인 유통 관련 컨설턴트 겸 프로듀서로서 크고 작은 다양한 기업에 '물건을 파는 기술'을 전수하고 있습니다. 고객의 업종이나 장르는 다양하지만, 모두가 공통되게 알고 싶어하는 것은 '어떤 상품이 잘 팔리는가?'입니다.

사실 그 명제에 대한 답은 이미 나와 있습니다.
온라인 유통에서 물건을 구매하는 사람은 상품의 안쪽이나 내용은 전혀 보지 않습니다. 이는 라쿠텐 시절부터 현재까지 많은 사례를 통해, 또 각종 빅데이터 등을 분석한 결과, 확실하게 알게 된 사실입니다. 그렇다면 그 대신에 **무엇을 보는가 하면 '패키지'와 '연출', '평가'입니다.** 현대의 소비자는 상품이 어떤 외관을 하고 있는지, 어떻게 연출하는지, 어떤 평가를 받고 있는지를 확인해 살지 말지를 결정합니다.

예컨대 정말 맛있는 파운드케이크가 있다고 하더라도, 그것이 저렴해 보이는 작은 비닐봉지에 쏙 들어가 있다면, 사람들은 '맛있어 보이니까 사야지'라고 생각하지 않습니다. 반대로 평범한 파운드케이크라도 멋들어진 상자에 들어 있고 금박으로 '프리미엄 파운드케이크'라고 쓰여 있다면, 대단한 맛이 아니더라도 '맛있어 보이니까 사볼까'라고 생각하게 됩니다.

이처럼 사람은 착각으로 물건을 살지 말지를 판단합니다. **즉, '잘 팔리는 물건'을 만들고 싶다면, 패키지나 광고 문구, 사이트 디자인 등에 잔뜩 허세를 부려놓고, '뭔가 좋아 보인다'라고 착각하게 만들기만 하면 됩니다.**

그래서 예술가인 오카모토 타로가 한 말이 떠올랐습니다. 오카모토는 저서인 『自分の中に毒を持て(자기 안에 독을 품어라)』에서 "일본인은 '이 그림이 고흐 그림입니다'라고 하면 제대로 그림을 보지도 않으면서 '그렇군요, 대단한 그림이네요'라고 감탄한다"와 비슷한 말을 했습니다. 자신이 그 그림을 보고 어떻게 느꼈느냐가 아니라, 사회가

어떻게 평가하고 있는지로 판단한다는 사실은 그야말로 착각으로 그림을 보고 있다는 말과 같습니다.

저는 해외여행을 할 때 종종 미술관을 들르는데, 해외 미술관과 일본 미술관은 '설명문'의 양에 상당한 차이가 있습니다. 해외에서는 간단하게 그림만을 전시해 두고, 작품명만 있거나 아주 짧은 설명문이 추가된 정도이지만, 일본에서는 그 그림이 그려진 배경, 회화사에서의 의의, 화가의 이력이나 평가까지 여하간 설명이 많습니다.

미술관에 방문한 사람들의 감상 스타일도 상당히 다릅니다. 해외, 그중에서도 유럽계 사람들은 적혀 있는 설명보다 그림을 오래도록 바라보고, 함께 방문한 사람끼리 감상을 나눕니다. 하지만, 일본인은 우선 설명부터 읽고, 그 그림의 평가나 배경을 머릿속에 집어넣은 다음 그림을 보려 합니다.

그러한 행동만 봐도 일본인이 얼마나 권위나 허세에 약한지 잘 알 수 있습니다. 조금은 한심하다는 느낌도 들지만, 일본인 상대로 장사를 하려면 이러한 국민성을 잘 활용해야 합니다. **패키지나 권위 같은 허세를 잘 구사해 '좋아 보인다'라고 착각하게 만들 수 있다면, 많은 일본인이 그 상품을 사줄 것입니다.**

2

좋은 물건이라고 착각하게 하려면, 시세보다 '2배 이상의 가격'으로 책정하라

착각하게 만드는 데는 가격을 매기는 방법도 중요한 요소입니다.

'역시 싸지 않으면 안 팔리네'라고 생각하는 분도 계시겠지만, 안타깝게도 정답이 아닙니다. 오랫동안 디플레이션이 이어져 온 일본에서는 '싼 물건만 팔린다', '가격을 올리면 고객이 떠나간다'라고 믿는 사람이 많지만, 싼 물건이 팔리는 것은 취향이랄 것이 없는 생활용품이나 어디에서나 구할 수 있는 공장 상품 등 극히 일부의 카테고리에 지나지 않습니다. 그 외의 카테고리에서는 저렴함이 그렇게까지 중요한 요인이 아니며, **오히려 가격이 싸면 팔리지 않는 현상도 일어납니다.**

예컨대 '싸면 팔리지 않는' 상품이 모여 있는 곳의 대표 주자가 기프트샵입니다. 인터넷이 발달한 현대에서는 상품 가격은 찾으려고 하면 얼마든지 찾아볼 수 있습니다. 사적인 선물이건 사업상 선물이건 너무 저렴한 물건을 보내면 바로 들켜서 체면이 상하기 쉽지요. 그래서 허세를 부려 비싼 물건을 보내려는 사람이 늘고 있습니다.

'나에게 주는 선물'로 많이들 고르는 패션 액세서리도 비싼 상품이 잘 팔리는 경향이 있습니다. 라쿠텐 이치바의 데이터가 이를 증명하고 있으며, 선물용 상품이나 패션 액세서리는 검색 결과를 '가격이 높은 순'으로 정렬해 검색하는 사람이 꽤 많다는 것을 알 수 있습니다. 그런 사람은 '가격이 비싸면 좋겠지'라고 생각하기 때문에, **그 심리를 역으로 이용해 가격을 높게 설정하면 제멋대로 '좋은 물건이겠지'라고 착각하며 구매하게 됩니다.**

제 고객 중에서도 시세보다 높은 가격을 붙여 성공한 사례가 많습니다.

예컨대 부부가 함께 경영하고 있는 지방의 작은 디저트 가게에서 컨설팅을 의뢰받았을 때는 1개에 7500엔짜리 푸딩을 만들어서 판매해 보자고 제안했습니다. 그 가게에서는 보통 푸딩 1개를 500엔 정도에 판매하고 있었기 때문에, 갑자기 15배나 되는 가격으로 신상품을 출시한 것이 되었습니다.

번화가인 아자부다이힐즈 근처에서 장사한다면 몰라도, 지방에 있는 아주 평범한 디저트 가게에서 7500엔이나 하는 푸딩을 판매하다니, 누가 그렇게 비싼 푸딩을 사겠냐며 의문스럽게 생각하는 분도 계시겠지요. 하지만 7500엔짜리 푸딩은 허세를 좋아하는 일본인의 마음을 제대로 사로잡았고, 마쓰코 디럭스의 방송을 비롯한 여러 미디어에서 화제에 오른 결과, 월 1000만 엔 정도 팔리는 대히트상품이 되었습니다.

신상품을 발매할 때만 가격을 새롭게 책정할 수 있는 것은 아닙니다. 라쿠텐 시절에 담당했던 모 기프트샵은 상품의 내용물은 전혀 바꾸지 않고 가격만 1.5~2배로 인상했습니다. 상당히 대담한 시도였지만 결과적으로 어찌 되었나 하면, 가격 인상 후에도 판매 수는 거의 비슷한 수준이었습니다. 가격이 1.5배나 올라도 판매 수량은 비슷하다는 말은 매출이 1.5배로 올랐다는 의미입니다. 상품은 물론이고 사이트 디자인도 하나도 바꾸지 않았으며, **그저 가격만 바꾸었을 뿐인데 매출이 1.5배가 되었으니, 허세의 힘은 그야말로 경이롭다고 할 수 있겠네요.**

물론, 상품의 내용물까지 바꿀 수 있으면 바꾸는 편이 좋습니다. '리뉴얼로 인해 가격을 인상하게 되었습니다'라는 식의 공지를 띄우면 고객들이 더 자연스럽게 수용할 수 있겠지요. 다만 일본 기업은 가격을 너무 저렴하게 책정하는 사례가 많으므로, 아무것도 바꾸지 않고 가격만 올려도, 결과적으로는 그조차 흔쾌히 받아들이는 경우가 많은 듯합니다.

3

비싸게 팔면 팔수록
'클레임'이 적어지는 비밀

가격 인상에 신중한 사람 중에는 "평범한 상품을 고가에 판다면, 산 사람이 사기라고 불평하게 된다"라는 의견을 내놓기도 합니다. '비싸니까 좋겠지'라고 착각해 구매했지만, 실제로 사용해 보니 착각에서 깨어나 '가격에 비해 별거 없잖아'라며 클레임을 걸까 봐 두려워하는 것입니다.

하지만 실제로는 **비싼 상품일수록 클레임이 적어집니다.** 왜냐하면 사람은 물건을 구매할 때만이 아니라 사용할 때도 '비싼 돈을 내고 샀으니, 틀림없이 좋은 물건일 거야'라며 스스로 암시를 걸어, 자신을 이

해시키려 하기 때문입니다.

　예컨대 사업가 대상 세미나 중에 하루 5000엔에 수강할 수 있는 세미나가 있는가 하면, 1주일에 50만 엔, 100만 엔이라는 가격이 붙는 세미나도 있습니다. 물론 내용은 전혀 다르겠지만, 100만 엔짜리 세미나는 5000엔짜리 세미나의 200배나 도움이 되는가 하면 그런 것도 아닙니다. 100만 엔이라도 지루한 세미나가 있고, 5000엔이라도 유익한 정보를 배울 수 있는 세미나가 있습니다.

　하지만 세미나 후에 설문지를 받아보면, ==무조건 고액 세미나 참가자의 만족도가 높습니다.== 어째서인가 하면 사람은 '100만 엔이나 냈는데, 전혀 도움이 되지 않았어'라고 생각하고 싶어 하지 않기 때문입니다. 만약 내용이 허술하더라도 '이건 이것대로 괜찮았어. 100만 엔만큼 가치는 있었어'라고 자기 마음대로 비용을 회수하려 드는 것이지요.

　==물건이나 서비스에 가격을 책정할 때는 이처럼 '사람은 이렇게 생각하고 싶어 한다'라는 심리에 기반해 가격을 책정해야 합니다.== 아무리 흔하디흔한 상품이라도 당당하게 높은 가격을 책정하면, 소비자는 자기 마음대로 '좋은 물건이겠지'라고 착각하며 구매할 때뿐만 아니라, 구매한 다음에도 '좋은 물건이었어'라고 만족하게 되기 때문입니다.

저렴한 느낌과 특별함을 양립해, 실적을 V자 회복시킨 '500엔' 가격 책정이라는 묘수

'대부분 상품이나 서비스는 2배 높은 가격을 붙여도 팔린다'가 제 지론입니다만, 때와 장소에 따라 합리적인 가격을 붙여야만 할 때도 있습니다.

하지만, 그런 때에도 너무 싸 보이지 않고, '가격은 저렴하지만, 상품은 좋아 보이네'라고 착각하게 만드는 허세의 기술이 있습니다.

바로 '1980엔'이나 '1990엔' 같은 단수가격을 붙이지 않는 것입니다.

단수가격은 소비자에게 싸다는 인상을 주는 효과가 있는 한편, '이건 싼 물건입니다'라고 스스로 자신에게 꼬리표를 붙이는 것입니다. 그러니 조금이라도 브랜딩을 한 상품이라면 1980엔이 아니라 2000엔처럼 끝이 깔끔한 가격을 붙여야 합니다. 루이뷔통도 지금은 100엔 단위로 가격을 자르고 있지만, 과거에는 1000엔 단위로 끝이 깔끔한 가격만 붙였습니다.

'저렴하기는 저렴하지만, 너무 싸 보이지는 않겠다'라는 절묘한 가격 설정으로 성공한 것이 KFC입니다.

KFC는 1970년에 일본에 상륙한 이후, 착실하게 규모를 확대해 왔지만, 2010년경부터 실적이 주춤하기 시작했습니다. 그 원인 중 하나로 지목되는 것이 'KFC라고 하면 크리스마스'라는 이미지로, 그 이미지 때문에 오히려 'KFC는 특별한 날에 먹는, 조금 비싼 외식'이라고 이미지가 굳어졌기 때문이었습니다.

그러자 KFC는 더 편하게, 일상적으로 KFC를 이용할 수 있게끔, 기간 한정 상품을 판매했습니다. 그 상품이 크게 인기를 얻어, 실적은 극적으로 회복되었습니다.

성공의 비결은 바로 런치 500엔이라는 절묘한 가격 책정이었습니다. 만약 480엔이나 490엔이었다면, 더 합리적이라는 인상을 줄 수 있겠지만, 대신 '싼 외식'이라는 부정적인 이미지가 붙어서, 싸 보이는 것을 싫어하는 고객층은 결국 외면하게 되었겠지요. KFC는 **500엔이라는 끝이 깔끔한 가격을 붙임으로써, 브랜드 이미지를 손상하지 않으면서도 편안함을 연출하는 데 성공한 것입니다.**

1개 88만 엔!
전 세계에서 취재 의뢰가 쏟아진
'세계에서 가장 비싼 아이스크림'

온라인 유통 컨설턴트와 프로 카메라맨, YouTube 프로듀서, 경제 경영 분야 서적 저자 등 다양한 얼굴이 있는 저에게 오히려 딱 한 가지 직함만 정하라고 한다면 '프로듀서'라고 할 것입니다. 장르를 불문하고, 모든 상품과 서비스에 대해 다양한 방법을 활용해 그 가치를 높이는 것이 바로 제 일입니다.

프로듀서 오하라의 업무 중에게 근래까지 가장 크게 성공한 자사 브랜드는 아이스크림입니다. 물론 평범한 아이스크림은 아닙니다. **1개 88만 엔, 기네스 세계 기록으로 인정받은 '세계에서 가장 비싼 아이스크림'을**

==판매해, 일본은 물론이고 전 세계로부터 커다란 화제를 모으고 있습니다.==

이 상품에 대한 아이디어는 센다이시에 있는 파운드케이크 전문점이 '세계에서 가장 비싼 파운드케이크'를 팔기 시작했다는 뉴스를 보고 떠올랐습니다.

그 가게에서는 보통 1개 3000~5000엔 정도에 파운드케이크를 팔고 있었습니다. 그런데 북일본의 식재료를 전국에 판매하기 위해 후쿠시마 산 복숭아 브랜드인 '도로 모모'를 사용해 8만 8000엔짜리 파운드케이크를 개발했습니다. 그것이 '세계에서 가장 비싼 파운드케이크'로서 기네스 세계 기록으로 인정받아, 텔레비전을 필두로 많은 미디어가 취재했고, 주문이 쏟아졌고, 협업도 연이어 결정되었다고 합니다.

그 뉴스를 본 저는 '이것이야말로 진정한 허세다'라고 감동했습니다. 권위에 약한 일본인에게 ==기네스 세계기록은 그 자체만으로도 '대단하다'라고 착각하게 만드는, 더할 나위 없이 홍보 효과가 높은 허세라는 점을 다시 한번 깨닫게 되었습니다.==

"나도 기네스 세계 기록이라는 큰 허세를 부려보고 싶다!"

거기서부터 기네스 세계 기록을 취득하기 위한 아이스크림 개발이 시작되었습니다.

재료는 일반인이 고급 식재료라는 말을 듣자마자 떠올리는 트러플이나 철갑상어알, 푸아그라 중 하나를 사용하기로 마음먹었습니다. 감수를 맡은 쉐프가 "좀 더 다른 고급 식재료를 사용해 복잡한 맛을 표현하는 것이 좋지 않을까요?"라는 제안을 했지만, 설명하지 않으면 알지 못하는 식재료는 미디어가 화제로 삼기 어렵기 때문에, 세계 삼대 진미라는 가장 알기 쉬운 주제에 집중했습니다.

여기서 완성한 것이 1kg에 200만 엔이라는 초고급 화이트 트러플을 사용한 아이스크림 'Cellato(셀라토)'입니다. 심사 결과, 세계에서 가장 비싼 아이스크림으로 기네스 세계 기록으로 인정받았습니다.

그러자 계획대로 국내외 미디어에서 취재 의뢰가 쏟아졌습니다. **'200만 엔이나 하는 화이트 트러플을 사용한 세계에서 가장 비싼 아이스크림'이라는, 미디어가 너무나도 좋아할 만한 캐치프레이즈가 잘 맞아떨어진 결과라 할 수 있습니다.**

취재 요청이 어느 정도로 왔는가 하면, 기네스가 확정되고 약

일주일 뒤에 TBS 〈히루오비〉에서 처음으로 촬영한 이후, 일본 텔레비전 〈DayDay〉, TBS 〈라빗또〉, 〈토다이오〉, 후지 텔레비전 〈논스톱〉 같은 모든 주요 방송국에서 Cellato를 소개했습니다. 심지어 잡지인 『GINZA』나 『핫페퍼』, 『주간여성』, Web 미디어 중에는 〈Forbes〉, 〈CNN〉, 〈중앙일보〉, 〈BIGLOBE〉, 〈네토라보〉, 〈두바이방송국〉 같은 해외 경제 채널 등 확인할 수 있는 것만 해도 **전 세계 200곳 이상의 미디어에서 화제로 꼽혔습니다.**

반응은 놀라웠습니다. 1개에 88만 엔이나 하는 아이스크림이라니, 일반적으로 생각하면 그다지 팔리지 않을 것 같습니다. 적어도 일반 사람은 사지 않을 것이 확실하고요. 하지만 전 세계의 미디어가 모두 '세계에서 가장 비싼 아이스크림'을 홍보해 준 덕분에, Cellato의 이름이 해외 셀럽들에게까지 알려져, 제 예상을 훨씬 뛰어넘은 수의 주문이 들어왔습니다. 축구 스타 네이마르가 방일했을 때, Cellato를 먹은 것도 아주 좋은 홍보가 되었습니다.

Cellato 소식은 화이트 트러플 산지인 이탈리아 알바에까지 도달했습니다. 수개월 전, 제가 새로운 도매처를 개척하기 위해 알바의 전문점을 찾았을 때, 점주가 신분을 묻길래 "이러이러한 세계에서 최고로 비싼 트러플 아이스크림을 만드는 사람입니다"라며 이름을 밝히자, 점주가 아주 반가워했습니다. "이탈리아 신문에서 그 이야기를 읽은 적이 있어서 알고 있습니다. 만나 뵙게 되어 영광입니다. 우리 딸과 함께 기념사진 좀 찍어 주세요"라며 마치 아주 유명한 사람이 된 듯한 대접을 받았습니다.

1개에 88만 엔짜리 아이스크림은 개발에 1년이라는 시간이 걸렸습니다. 초기 개발비는 꽤 들었지만, 단순 계산으로 개당 70만 엔 이상의 이익이 납니다.

보통 음식점의 이익률은 10% 전후라고 하는데, 70만 엔이라는 이익을 내려면, 700만 엔 이상의 매출을 올려야만 합니다. 눈물 콧물 흘려가며 열심히 일해 한 끼에 1000엔짜리 정식을 7000그릇 판매해야, 겨우 이익이 70만 엔 남는다는 계산입니다.

하지만 1개에 88만 엔짜리 Cellato는 그 70만 엔을 한 번에 벌어다 줍니다. 이 이야기만으로도 비즈니스에서 허세가 얼마나 중요한지 이해하셨겠지요?

또한 Cellato는 1개에 88만 엔짜리 '바쿠야' 외에도, 고급 샴페인인 돔 페리뇽을 사용한 15만 엔짜리 '하루덴', 블랙 트러플로 만든

3만 엔짜리 '호시게쓰야'도 있습니다.

    이처럼 '송·죽·매'라는 3가지 가격대를 운영하는 방법도 대표적인 허세의 기술입니다. 88만 엔 상품을 본 다음에 15만 엔, 3만 엔짜리 상품을 보면, 저렴한 것 같은 느낌이 들어 사게 됩니다. 실제로는 가장 저렴한 가격인 3만 엔이라 해도 하겐다즈 약 100개를 살 수 있는 금액이니 전혀 저렴하지 않지만, '3만 엔으로 Cellato를 맛볼 수 있다면 합리적인 소비다'라고 생각하게 만드는 전략으로, 판매 수량만 보면 이 3만 엔짜리 '호시게쓰야'가 가장 많습니다.

알고 보면 돈으로 살 수 있는 '몬드 셀렉션'과 맛의 비밀

앞에서 언급한 것처럼 Cellato는 처음부터 기네스 세계 기록을 세운다는 전제로 1년을 들여 개발했습니다. "무사히 기네스 기록을 획득해서 다행이긴 하지만, 만약 실패했다면 미디어 취재는커녕, 큰 손해만 보지 않았을까요?"라고 걱정하는 분이 계실지도 모르겠습니다. 사실 **기네스 세계 기록은 세우려고 하면 거의 확실하게 세울 수 있는, 위험도가 낮은 도전입니다.**

공적 기관으로 착각하기 쉽지만, 사실 기네스는 그저 평범한 주식회사입니다. 이른바『기네스북』의 매출이나 '기네스 세계 기록' 로고를 사용함으로써 발생하는 라이선스 비용으로 돈을 버는 영국의 영리단체입니다.

그렇기에 세계 기록 인정을 받기 위해 '비용을 지불'해야 합니다. 100만~200만 엔 정도의 심사료를 내면 담당자가 붙어서 어느 카테고리에 도전하면 좋을지 등을 상담해주기 때문에, 거의 확실하게 기록을 세울 수 있습니다. 말하자면, 기네스 세계 기록은 200만 엔 정도를 내면 살 수 있습니다.

이처럼 **세상에는 돈을 내고 살 수 있는 상이 얼마든지 많습니다.** 그 대표 격이라고 할 수 있는 것이 '몬드 셀렉션'입니다.

저는 중학생 때 '아이스 만주'에 빠져서, 매일같이 아이스 만주를 먹었습니다. 그 계기가 바로 이 '몬드 셀렉션'이었는데, 저는 아이스 만주의 패키지에 '몬드 셀렉션 금상 수상!'이라고 적힌 것을 보고 '대단한 상을 받았다고 하니, 틀림없이 맛있겠지'라고 생각하며 사 먹게 되었습니다.

당시 저는 몰랐지만, 몬드 셀렉션도 50만~100만 엔 정도의 심사비를 내고 후보에 등록하면, 높은 확률로 상 하나는 받을 수 있습니다. 왜냐하면 몬드 셀렉션도 기네스와 같은 라이선스 사업이며, '몬드 셀렉션 ○○상 수상!'이라는 로고를 활발하게 사용하도록 장려하기 위해 대대적으로 상을 나누어주기 때문입니다. 그러나 대부분의 세상 사람들은 그런 사정은 알지 못합니다. 그래서 몬드 셀렉션 금상 수상이라고 하면, 중학생 시절의 저처럼 황송해하며 '그렇다면 틀림없이 맛있겠지'라며 착각에 빠지고 맙니다.

몬드 셀렉션 본사는 벨기에에 있으며, 전 세계 기업이 그 대상이지만, 심사 대상 상품의 50퍼센트는 일본에서 등록한다고 합니다. 이 역시 일본인이 권위나 허세에 약한 증거라고 할 수 있을 테지요.

반복해서 말씀드리지만, **허세는 자기 입으로 말하는 것보다 제삼자, 그것도 권위가 있는 생판 남의 입에서 "이 사람(상품)은 대단합니다"라고 말하게 하는 것이 가장 효과적입니다.** 물론 생판 남이 그렇게 상황에 딱 맞추어 자사 상품을 홍보해 주지 않으니, 다른 사람의 권위를 빌리려면 그에 상응하는 비용을 치러야 합니다.

반대로 말하자면, 돈만 내면 얼마든지 지원해 줄 사람을 찾을 수 있습니다. 서장에서 서술한 '의사 감수'나 '변호사 감수'도 그러한 종류로, 사장이나 직원이 "이 상품은 대단합니다!"라고 아무리 열변을 토해봤자 "자사 상품을 나쁘게 말할 리가 없잖아"로 끝나고 말지만, '○○의사가 절찬!'이라고 현역 의사가 본인의 얼굴이 나온 사진과 함께 이름을 대고 등장하면, 단번에 신뢰도가 높아져 "대단해 보인다"라고 착각하게 만들 수 있습니다.

중요한 점은 예컨대 돈으로 산 권위라고 할지라도, 일본인은 대부분 순순히 받아들인다는 사실입니다. 애당초 많은 사람은 돈으로 권위를 살 수 있다는 사실조차 모르고, 얼핏 아는 사람이라고 해도 '몬드 셀렉션 금상'이 붙어 있는 상품과 그렇지 않은 상품이 나란히 붙어 있다면 나도 모르게 금상이 붙어 있는 쪽으로 손이 가고 말 것입니다.

통상 가격의 10분의 1로 '그 사람'의 권위를 빌릴 수 있는 숨은 비법

기네스 세계 기록을 세우기 위해 200만 엔을 낸 것처럼, 저는 허세에 투자하기를 아까워하지 않습니다. 그렇지만 '돈으로 살 수 있는 권위'는 권위가 높을수록 가격도 비싸지기 때문에, 조금 더 합리적으로 타인의 권위를 빌리고 싶을 때는 주로 SNS에서 투자처를 찾습니다.

그러다가 발견한 것이 호리에몬의 '프리미엄 식사회'입니다.

호리에몬, 즉 호리에 다카후미는 사업이나 벤처 쪽에 강하고, 주변에는 다양한 분야에서 성공한 사람들이 모여 있는 만큼 인맥도 넓습니다. 그런 호리에몬에게 자사의 상품이나 서비스를 홍보해 달라고 정규 루트로 요청한다면, 적어도 수천만 엔 정도의 예산이 필요할 것입니다. 그러나 사실은 단 10만 엔으로 호리에몬의 권위를 활용할 수 있는 방법이 있습니다. 바로 10명 정도의 참가자가 호리에몬과 함께 고급 초밥이나 고기를 먹는 '프리미엄 식사권'입니다. 이 식사 모임의 참가자는 맛있는 식사를 하면서 호리에몬에게 비즈니스 강의를 듣거나, 비즈니스와 관련한 상담을 할 수 있습니다. 월 1회 정도 열리고, 참가비는 인당 10만 엔으로 저렴하지는 않지만, 모든 회차의 티켓이 즉시 완판될 정도로 인기 있는 이벤트입니다.

저도 그 프리미엄 식사회에 참가했습니다. 목적은 제 책을 선물해 운이 좋으면 호리에몬이 책을 든 모습을 사진으로 찍고, "호리에몬 님께 칭찬받았습니다!"라는 느낌으로 활용할 수 있다면 더할 나위 없이 좋은 홍보가 되리라 생각했기 때문입니다.

결과는 기대 이상이었습니다. 책을 선물한 뒤에 사진을 찍은 것은 물론이고, 온라인 살롱이나 블로그에서도 제 책을 소개해 주었습니다. 맛있는 고기도 먹고, 호리에몬과 이야기도 나누고, 책 홍보까지 해주는 데 10만 엔이라면 파격적인 가격이라고 생각합니다.

8

무료로 가능한 인플루언서 선물

==선물 작전은 인플루언서에게도 효과가 있습니다.== 정식 제안을 통해 상품 홍보를 부탁하려면, 팔로워 1인당 3엔 정도의 보수가 발생합니다. 모두 합해 수십만 엔~100만 엔 정도의 비용을 내야 하지만, 상품을 무료로 선물하는 것이라면 비용은 상품 가격과 배송료만으로 충분합니다.

선물을 보내는 쪽에서는 우선 "순수한 선물이니, SNS 등에 피드를 올려주시지 않아도 괜찮습니다. 한 번 받아보세요"라는 느낌으로 상품을 보냅니다. 그리고 도착하고 며칠 뒤에 "잘 사용하고 계실까요? 당사에서는 이러한 콘셉트로 상품을 만들었으니, 괜찮으시면 감상 정도만 올려주시면 감사하겠습니다"라며 가벼운 메일을 보내면, 대부분 두 명 중 한 명 정도는 자신의 인스타나 YouTube 등에 선물 받은 상품을 언급해 줍니다.

다만, 이 작전을 사용할 수 있는 상품은 선물 계열 등 '받으면 기쁜 종류'로 한정됩니다. 당사 상품 중에는 '세계에서 가장 비싼 아이스크림 Cellato'처럼 보통은 좀처럼 손에 넣기 힘든 것일수록, 선물 받았을 때 감사하다는 의미로 감상을 올려야겠다는 기분이 들기 때문입니다. 그러나 저렴한 생활용품이라면 선물을 받아도 크게 감동하지 않으므로, 감상을 남겨달라는 메일을 보내도 지나치기 쉽습니다.

그렇지만 **선물 작전은 거의 무료로 시도할 수 있고, 위험도가 낮은 방법인 만큼 선물할 수 있는 상품을 가지고 있다면 한 번 해 봐도 손해 볼 것은 없습니다.** 인플루언서는 극히 한정된 범위에 대해서는 절대적인 영향력을 가지고 있으니, 잘 활용하면 커다란 반향을 일으킬 수 있습니다.

성공한 사람일수록
SNS를 성실하게 하는 이유는

다른 사람의 권위를 빌리는 것뿐만 아니라, **자신의 권위를 높이기 위해서라도 SNS는 필수 도구입니다.** SNS 팔로워 수가 많은 사람은 그것만으로도 '대단한 사람'이라고 착각하게 만들 수 있기 때문입니다.

SNS의 팔로워 수를 늘리는 방법에는 여러 가지가 있지만, **가장 먼저 해야 할 일은 성실하게 업로드하기입니다.** 자주 올리면 그것만으로도 사람들의 눈에 들게 되고 '자이언스 효과'가 생겨나기 때문입니다.

자이언스 효과란 특정 사람이나 사물을 반복해 접촉함으로써 호감도나 친근감이 높아지는 심리적 효과를 일컫는 말로, 마케팅 업계에서도 널리 응용되고 있습니다.

예컨대 코카콜라 텔레비전 CM에서도 한 번 본 것만으로는 "맞다, 코카콜라를 사야지"라고 하지는 않지만, 몇 번이고 눈에 스치다 보면 친근감이 생기고, 목이 말라서 마실 것을 사려고 할 때 코카콜라를 선택하기 쉬워집니다. 또한 과거에 자사 사이트를 방문한 이력이 있는 유저에게 발송되는 리타게팅 광고도 표시된 횟수가 늘어나면 늘어날수록 클릭률이나 컨버전이 높아지는 경향이 있습니다.

SNS도 이처럼 가끔 발견하는 정도로는 아무런 생각도 하지 않지만, ==매일같이 피드를 보다 보면 '이 사람 괜찮네', '만난 적은 없지만 친구 같은 기분이 들어'라는 마음이 생기게 됩니다.==

Web 제작회사 사장인 지인은 메일 매거진을 거의 매일 쓰고 있습니다. '요즘 같은 시대에 메일 매거진이라니'라고 생각할 수도 있지만, 매일 메일이 도착할 때마다 그 사람을 떠올리게 되므로, 자이언스 효과가 상당히 강력합니다. 지인에 따르면 실제로 메일 매거진은 효과가 커서, 보통은 특별한 반응이 없지만 Web 관련해 뭔가 일이 생기면 'Web 제작, 하면 그 사람이지'라고 떠올리는지 메일 매거진을 통한 주문이 일정하게 있다고 합니다.

　이처럼 **성실하게 SNS나 메일 매거진을 발행하고, 접촉 빈도를 높여가면 팔로워가 늘어나 허세를 잘 부릴 수 있게 되는 데다, 여차할 때 다양하게 활용할 수 있게 됩니다.** 예컨대 Facebook에서 자사 상품에 대한 앙케트 투표를 해봐야겠다고 생각했을 때, 일 년에 몇 번밖에 업로드하지 않는 사람이 "투표 부탁드립니다"라고 요청하면 너무 갑작스럽다 보니 반응이 없지만, 주 1회라도 무엇인가를 업로드하는 사람이 요청한다면 자연스럽게 슬쩍 투표해 주는 사람이 상당수 있을 것입니다.

10

파리에 사무실을 두겠다는
궁극의 허세

'세계 최고로 비싼 아이스크림'이 크게 히트하고 나서 허세의 위력을 다시 한번 확인한 저는 허세 비즈니스 제2탄으로 '파리의 버추얼 오피스 사업'을 시작했습니다.

이런 사업을 시작하게 된 계기는 파리에 사는 일본인 경영자에게 "파리 시내에 비어 있는 사무실이 있어서, 그걸 활용하는 사업을 함께해 보지 않겠습니까?"라는 제안을 받았기 때문입니다. 그때 떠올린 것이 버추얼 오피스, 즉 실제로 입주하지 않고 사무실의 주소나 전화번호를 빌려주는 서비스입니다. 일본에서도 아오야마나 롯폰기처럼 허

==세가 통하는 사무실 주소를 한 달에 수천 엔씩 내고 빌리는 버추얼 오피스가 인기이기 때문에, 그 업종의 파리 버전을 해 보자고 생각한 것이지요.==

　사무실 주소 같은 건 어디든 상관없다고 생각하실지도 모르겠습니다만, 세간 사람들은 의외로 그러한 부분에 주목하고 있습니다. ==월세가 높은 지역에 사무실을 얻으면, 그것만으로도 "잘 나가는, 신뢰할 수 있는 회사"라고 착각하게 됩니다.== 막 프리랜서로 독립한 사람 중에는 자택 주소를 그대로 사무실 주소로 사용하는 경우가 많습니다. 그러나 정직하게 'OO군 XX마을 △△아파트'라고 적으면, 벌이가 좋지 못하다는 사실이 단번에 드러납니다. 그뿐만이 아니라 '이런 시골에 있어서야 정보도 느릴 테고, 업무의 질도 기대하기 어려울 듯하군'이라고 여겨져, 확보할 수 있었던 주문도 확보할 수 없게 되어버릴 것입니다.

　회사원 시절의 선배 중에 부업으로 IT계 자료 매칭 서비스 업체를 설립한 분이 있습니다. 그분도 처음에는 자택 주소를 홈페이지에 올렸다가, 도중에 버추얼 오피스를 이용해 아오야마에 있는 주소로 바꾸었더니, 컨버전이 크게 향상되었다고 말했습니다.

　그 ==버추얼 오피스의 궁극이라고 할 수 있는 것이 파리입니다.== 그 유명한 독립문에 에펠탑, 루브르 미술관에 샹젤리제 거리 등 파리는 일본인의 동경이 결집한 장소입니다. 그처럼 으리으리한 거리에 사무실을 둔다면, 그것만으로도 '대단한 회사'라고 착각하게 만들 수 있겠지요.

여러분도 기업이나 부업을 계획하고 있다면, 파리까지는 아니더라도, **허세를 부릴 수 있는 버추얼 오피스를 검색해 보시기를 추천합니다.** 인기 있는 거리에 사무실이 있는 것과, 변두리나 지방에 사무실이 있는 것과는 사람들이 받는 인상이 전혀 달라집니다.

제 **5** 장

사생활도 '허세력'이 있으면 잘 풀린다

1

인기 있는 사람은 미남미녀가 아니라 '허세'를 잘 부리는 사람

제 친구인 C는 여성에게 아주 인기가 많습니다. 그렇다고 해서 C가 엄청난 미남도 아닐 뿐더러, 오히려 조금 통통하고 실례지만 외모는 중하급이라고 할 정도입니다. 학력이나 수입도 그저 그렇고, 무언가 특별하게 대단하다고 할 만한 점은 없습니다. 대신 C는 어떤 허세의 기술이 달인급인데, 그것만으로 인기를 끌고 있습니다.

C를 보고 있자면 저는 언제나 아이돌 그룹에 한 명씩 있는 '거의 일반인'이 연상됩니다. 일본 아이돌 그룹인 구 자니즈나 AKB, 사카미치 시리즈까지 여러 명이 모인 그룹에는 반드시 가창력도 외모도

평범한, 일반인 같은 사람이 한두 명 섞여 있습니다. 하지만 냉정하게 생각해 보면 일반인 같아 보이는 멤버도 그 그룹의 멤버라는 점만으로 '대단한 연예인'으로 대해지고, 나름대로 팬도 생깁니다. 그야말로 착각의 힘이자, 요구되는 속성 안에 존재한다는 사실만으로 평범한 사람이라도 '대단한 사람'처럼 보이는 것이지요.

그렇다면 친구 C는 어떠한 '요구되는 속성'을 갖추었는가 하면, 바로 '인기 있는 사람'이라는 속성입니다. 외모는 평범 이하에, 애초에 인기 있을 만한 요소는 아무것도 없지만, ==허세를 부려 '나는 여성에게 인기가 많다'라는 연출을 한 뒤부터, 정말로 여성들에게 인기가 많아졌습니다.==

많은 여성들은 '모두가 인기 있다고 하는 사람'을 좋아하는 경향이 있는 것 같습니다. 자기 취향이 아니더라도 모두가 "저 사람 멋지다"라고 하면, 왠지 모르게 그 사람에게 호감이 생깁니다. 초등학교나 중학교 시절에 겪은 일들을 돌아보더라도, 여자아이들은 모두 그 반의 인기 있는 친구를 좋아하지 않았나요?

그러한 여성의 심리를 잘 파악한 C는 항상 '인기 있어 보이게끔' 연출했습니다. 예컨대 여성과 오랜만에 데이트 할 때에도 솔직하게 "오랜만에 하는 데이트라 설렌다" 이런 말은 하지 않고, "다른 여성이 데이트하자고 했지만, 그쪽은 거절하고 일부러 시간을 만들어 너를 만나고 있어" 같은 말을 넌지시 비춥니다.

이처럼 **연애에서는 다른 사람들이 자신을 얼마나 좋아하는지를 슬쩍 흘리는 것도 중요하며,** 그런 허세를 부리지 못하는 사람은 그 외의 조건이 아무리 좋아도 좀처럼 이성을 끌어당기지 못합니다.

예를 들어, 라쿠텐 시절의 동기 D는 원래 복싱을 하고 있었던 만큼 몸이 좋고, 얼굴도 가수 아이돌 멤버 중에 있을 법한 남자다운 스타일입니다. 그런 D가 "요즘 인기가 별로 없어요"라고 한숨을 내뱉기에, 이야기를 잘 들어보니 D는 아무래도 여성에게 너무 들이대는 것 같았습니다.

그러한 특징이 여실히 잘 드러나는 것이 LINE을 주고받는 순간입니다. 마음에 드는 여성과 나눈 이야기를 보았더니, D는 매번 장문의 메시지를 보내어 얼마나 상대방이 마음에 드는지, 만나고 싶은지를 전력으로 어필하고 있었습니다.

상대방의 관심을 끌고자 했겠지만, **이는 완전히 역효과를 내는 것으로, 자신이 얼마나 인기가 없는지, 그 여성을 얼마나 만나고 싶어 하는지를 스스로 고**

백하는 듯한 행동입니다. 많은 여성은 '인기 없는 사람＝수요가 없는 사람'이라고 여기기 때문에, 매일같이 그런 메시지를 보내면, 싹트려 했던 마음도 식어버리고 맙니다.

SNS에서도 종종 여성 인플루언서에게 집요하게 관심을 보이는 아저씨를 봅니다. 여성이 무언가를 이야기할 때마다 "○○씨, 오늘도 느낌 좋네요♡" 같은 코멘트를 남기고, 필사적으로 관심을 끌려고 합니다. 보고 있자면 슬퍼지지만 D가 했던 행동도 이러한 모습과 크게 다르지 않습니다. 인기를 끌려고 하는 행동이 오히려 자신을 인기에서 멀어지게 하고 있었던 것입니다.

나는 인기가 있다, 이성에게 수요가 있다고 착각하게 만들고 싶다면 LINE으로 답할 때는 어디까지나 담백하게, 이모티콘 등은 사용하지 않고 1, 2줄로 끝냅니다. 그렇게 **'연애에 굶주리지 않은 사람'을 연출하는 허세야말로, 인기 있는 사람으로 거듭나는 첫걸음이라는 점을 명심하시길 바랍니다.**

2

허세력이 있으면
친구 관계도 좋아진다

저는 예전부터 친구와 식사한 다음 돈을 낼 때는 조금이라도 많이 내려고 합니다. 계산할 금액이 3명이 1만 엔, 1명 당 3300~3400엔 이라고 하면, "그럼 내가 4000엔 낼 테니까, 나머지 3000엔씩 내" 이런 느낌입니다.

원래 3300~3400엔 낼 것을 4000엔 내는 정도는 특별한 일이 아닙니다. 몇백 엔 정도를 부담하는 정말 소소한 허세이지만, 이것만으로도 주변에서 "오하라는 너그러운 스타일이네", "다른 사람에게 잘 베푸는구나"라는 평가를 받습니다. **가까운 친구 사이라도 이런 작은 신**

뢰는 의외로 소중합니다.

그리고 또한, **이러한 허세가 쌓여 '신뢰할 수 있는 사람'이라는 캐릭터를 확립해 두면, 뭔가 있을 때 '미담'이 흘러나오게 됩니다.** 예컨대 사업 동업자를 찾거나, 미팅 건이 있어서 함께할 사람을 찾고 있을 때 가장 먼저 말을 걸게 되지요.

반대의 경우를 생각해 보면, 더 상상해 보기 쉽습니다. 많은 인원이 회식에 참가할 때, 사실은 인당 3500엔인데, 4000엔이라고 반올림해 돈을 모은 다음, 차액을 자기 주머니에 넣는 사람이 가끔 있습니다. 본인은 들키지 않았다고 생각할지 모르지만, 그런 눈속임은 금세 들키기 때문에 '저 사람은 돈에 인색하다'든가 '신용할 수 없다'라는 이미지가 붙으면, 더 이상 누구도 불러주지 않습니다. 물론 사업 상대나 미팅 멤버로도 선택받지 못하게 되지요.

3

가난하더라도 허세를 부려라! 돈은 쓰는 만큼 돌아온다

돈을 사용하는 방법은 그 사람의 허세력이 가장 시험당하는 포인트입니다. 억만장자 기업가로 유명한 마에자와 유사쿠는 종종 "돈은 쓰면 쓸수록 늘어난다"라고 말하는데, 저도 그렇다고 생각합니다.

돈 없는 학생 시절에는 더치페이로 3500엔을 낼 것을 4000엔 내기는 힘들었지만, 그렇게 해서 돈 때문에 곤란했던 기억은 없습니다. 다른 사람보다 500엔 많이 낸 다음에는 이상하게도 그 이상의 수입이 생겼습니다. '돈은 돌고 돈다'라는 말처럼, 허세라도 좋으니 돈을 잘 쓰는 사람에게는 돈이 점점 돌아오게 되어 있는 것입니다.

그래서 저는 독립한 지 얼마 되지 않아서 돈이 없을 때도 돈을 펑펑 썼습니다. 해외로 나가 견문을 넓힌다거나, 친구가 음식점을 열었다고 하면 축하하기 위해 비싼 샴페인을 터트리거나, 조금 무리하더라도 돈을 썼습니다. ==그렇게 돈을 쓰면 헛일이 되지 않고, 오히려 몇 배로 돌아온다는 것을 감각적으로 알고 있었기 때문입니다.==

만약 제가 "지금은 돈이 없으니 절약하자"라고 생각하며 최저한의 돈만 사용했다면, 틀림없이 지금의 성공은 없었을 테지요. 절약만 하며 살아간다면 허세가 통하지 않을 뿐만 아니라, 돈의 흐름도 나빠져, 지금쯤은 회사를 접었을지도 모르는 일입니다.

==요즘은 그 사람이 어떻게 돈을 쓰고 있는지가 SNS를 통해 가시화되는 시대입니다.== 그 사람이 제대로 돈을 사용하는지, 인색하게 사용하는지는 피드를 보고 있으면 짐작할 수 있습니다. 돈을 제대로 쓰는 사람은 '성공한 대단한 사람'이라고 여겨져 좋은 이야기가 쏟아지지만, 궁상맞은 이야기만 하고 있으면 '돈이 없다 = 성공하지 못했다 = 실력이 없다'로 간주해, 신용도 낮아지고 맙니다.

예전에 일본에서는 돈이 있는 척 어필하는 사람이나 돈을 펑펑 쓰는 사람을 비난하는 풍조가 있었지만, 최근 몇 년간 분위기가 크게 바뀌었습니다. 비트박서 히카킨의 20억 엔이나 하는 대저택이 화제가 되는 것처럼, **많이 벌어서 많이 쓰는 것이 긍정적으로 비치는 시대가 되었습니다.** 이는 매우 대단한 일이고, 허세쟁이들을 지지해 주는 변화라고 생각합니다.

해야 할 말을 하지 않으면
당신의 가치가 떨어진다

"사람의 가치는 하지 말아야 할 말을 했을 때가 아니라, 해야 할 말을 하지 않았을 때 떨어진다."

이 말은 제가 존경하는 영업사원이 SNS에 올린 말로, 크게 공감했던 기억이 있어 소개합니다.

일본에서는 그 자리의 분위기를 읽어 발언을 자제하는 사람이 많지만, 그것만으로 그 사람의 가치가 올라가는가 하면, 그렇지 않습니다. **적어도 비즈니스 세계에서는 침묵은 명확한 마이너스입니다.**

'입을 다물고 있으면 실언은 하지 않으니, 적어도 마이너스는 되지 않을 것이다'라고 생각할지도 모르겠습니다만, 그러한 인식은 틀렸습니다. 왜냐하면 앞에서 소개한 영업사원의 말처럼 해야 할 말을 하지 않으면 어차피 그 사람의 가치는 떨어지게 되어 있기 때문입니다. 반대로 ==모든 사람이 하고 싶은 말을 하지 않는 일본이니만큼, 사람들이 말하고 싶어 하는 것을 확실하게 말하면 '대단한 사람이다'라고 큰 가점을 받을 수 있습니다.==

'하기 어려운 말'의 예로는 돈 이야기가 있습니다. 영업사원에게는 금액을 타협하는 일이 일상이지만, 자사 상품 가격을 뻥튀기할 때나, 상대방의 조건을 나쁘게 평가할 때는 좀처럼 입 밖으로 말을 꺼내기 어렵습니다. 하지만 그런 중요한 이야기를 나중으로 미룬다면, 결국은 자신도 상대방도 곤란하게 되어 "저 사람은 별로다" 같은 평가를 듣게 됩니다.

또는 매일같이 10분 정도 지각하는 고객이 있다고 해봅시다. 그만했으면 싶어도, 대부분의 사람은 '상대방은 고객인 데다, 분란을 일으키는 것은 좋지 않으니까'라고 생각해, 침묵을 지키게 됩니다. 하지만 아무 말도 하지 않으면 상대방의 지각 습관이 고쳐지기는커녕, '이 사람은 좀 기다려도 불평하지 않으니 괜찮아'라고 생각하게 되겠지요. 그러면 계속해서 10분 정도 기다리게 되고, 결국은 소중한 시간을 낭비하게 될 것입니다.

저라면 상대방이 중요한 고객이라 할지라도 지각이 2회 이상 지속되면 "모두의 시간인 만큼 소중히 여기고 싶습니다"라는 식으로 가볍게 주의를 줄 것입니다. 이런 말투라면 상대방도 기분이 상할 일 없이, 오히려 '이 사람에게 실례가 되는 일은 하면 안 되겠구나'라고 생각해, 이후에는 지각에 주의하게 될 것입니다. **다른 사람에게 존중받는다는 것은 이런 것입니다.**

고객이나 손윗사람에게 주의를 주기 어렵다면, **이야기하는 편이 상대방에게 도움이 된다고 생각해 보기 바랍니다.**

라쿠텐의 미키타니 사장님은 시간에 엄격해, 출장지 호텔까지 집합하는 시간에 늦은 임원은 그 자리에서 해고했다는 이야기가 있을 정도입니다. 지각하는 습관이 있는 고객도 언제 그런 지뢰를 밟을지는 알 수 없습니다. 지각이 무례하다는 점을 제대로 지적해 주는 것은 상대방에게도 상당히 좋은 일입니다.

그러고 보니 바로 얼마 전에 이런 일이 있었습니다. 심야 1시 정도에 신주쿠의 후지소바에서 국수를 먹고 있었는데, 체격이 좋고 인상은 무섭지만, 멋있는 아저씨가 들어 오더니 "토핑은 어디에 있는 거야!"라고 말하며, 점원에게 화난 듯 소리쳤습니다. 그 모습이 너무나도 집요하고 시끄러워서, 제가 자리에서 일어나 큰 목소리로 "이봐요!"하고 소리쳤더니, 아저씨는 깜짝 놀란 얼굴로 5초 정도 멈칫한 다음, 민망한 듯 웃는 얼굴을 보이며 "죄송합니다"라고 사과했습니다.

심야의 신주쿠에서 무서워 보이는 아저씨가 점원에게 시비를 걸다니, 보통은 '정말 싫네'라고 생각하면서도, 가능하면 눈도 마주치지 않으려 피하는 상황일 것입니다. 하지만 의외로 그러한 상황에서도 해야 할 말을 하면 어떻게든 됩니다. **이 역시 일종의 허세가 지닌 힘이라고 생각합니다.** 그래서 여담으로 소개해 보았습니다.

근거 없는 자신감이 전부다

저는 유소년기부터 무의식적으로 허세를 부리는 아이였는데, 때로는 시건방진 말을 하면서도 입 밖으로 꺼낸 허세는 무조건 실현해 왔습니다. 어떻게 그런 일을 할 수 있었는가 하면, **가장 큰 이유는 자기 효능감이 매우 높았기 때문입니다.**

 저는 항상 부모님에게 "너는 잘하고 있어"라는 말을 들으며 커왔습니다. 무언가 하고 싶다고 했을 때 부모님은 거의 반대하지 않았고, 예를 들어 무모한 도전이라 할지라도 부모님은 "너는 뭐든지 할 수 있으니 잘할 수 있을 거야"라고 말하며 응원해 주었습니다. 그런

환경에서 키워온 '근거 없는 자신감'이 주눅 들지 않고 허세를 부리게 했고, 불가능을 실현하는 원동력이 되어 주었습니다.

어린 시절의 놀이에서도 근거 없는 자신감을 키웠습니다. 제가 다녔던 어린이집은 '어린이는 자유롭게 놀리는 것이 최고'라는 방침을 갖고 있어서, 아침 7시에 등원하면 저녁에 하원하는 시간까지 계속해서 자유롭게 놀게 했습니다. 그래서 그 어린이집 아이들은 놀이를 아주 잘해서, 모래사장에서도 성이나 수로를 만들거나, 어린이집 정원 한구석에 비밀기지를 만들거나, 스스로 만든 진흙 경단이나 나무총으로 역할놀이를 하고, 자신들의 머리로 여러 가지 궁리를 하며 취향대로 놀았습니다. 지금의 제가 '세계에서 가장 비싼 아이스크림'이나 '파리의 버추얼 오피스' 같은 아이디어를 떠올리고, 점차 실현해 나가는 것도 어린이집 시절 놀이의 연장선 같은 부분이 있다고 생각합니다.

직접 배우지는 않았지만, 하나마루 학습회라는 유명 교육단체가 운영하는 유치원에서도 어린이들에게 읽고 쓰는 법이나 계산하는 법을 가르쳐 공부를 잘하도록 만드는 것이 아니라, 근거 없는 자신감을 가질 수 있게 하는 것을 중시한다고 합니다.

물론 자기효능감은 어린 시절에만 기를 수 있는 것이 아니라, 어른이 되어서도, 사회에 진출해서도, 나중에라도 제대로 익힐 수 있는 능력입니다. 저는 부모님이 저에게 해주셨던 말처럼 부하에게도 "○○씨라면 잘할 수 있어요"라고 항상 말하려고 애쓰고 있습니다. 이러한 말의 효과는 대단합니다. 이 말을 계속해서 듣다 보면 근거 없는 자신감이 생겨나고 허세도 잘 부리게 됩니다. 이렇게 된 사람을 몇 명이나 보아왔습니다.

Google이나 ChatGPT가 어떤 질문에도 대답해 주는 시대에서, **근거 없는 자신감은 그 무엇과도 바꿀 수 없는, 그 사람 자체의 강점이 됩니다.** 근거 없는 자신감이 있는 사람은 다양한 일에 도전할 수 있고, 허세와의 간극 메우기를 통해 불가능을 현실화할 수 있기 때문입니다.

허세를 부린 지 어언 30년, 단 한 번도 실패한 적이 없다

허세의 중요성을 인식하고 있지만, 허세를 부리는 데 소극적인 사람은 '허세를 현실화하지 못하면 "입만 산 녀석"이라고 여겨질 거야'라거나 '허세 같은 건 금방 들킨다'라고 생각하고 있을 것입니다. 하지만, '걱정거리의 9할은 일어나지 않는 일이다'라는 말처럼, **허세를 부린다고 손가락질당하는 일은 좀처럼 일어나지 않습니다.**

어린 시절부터 허세의 힘을 마음껏 빌려온 저조차도, 허세 때문에 실패한 기억은 없습니다. 주변 사람은 "그렇게 자신만만하게 단언해도 괜찮은 거야?"라며 초조해할지도 모르지만, 인간이라는 존재는 허풍을 떨면 떨수록 필사적으로 간극을 메우려 노력하는 존재이므로, 허세는 언제나 현실이 되기 마련입니다. 만에 하나, 시기를 맞추지 못해 간극을 메우지 못했다 해도, 그전에 허세를 제대로 현실화해 왔다면 "이번에는 어쩌다 보니 시기를 맞추지 못했을 뿐"이라며 넓은 아량으로 이해해 줍니다.

"허세 따위는 금방 들키고 마는 것은 아닐까?"라는 염려에 대해서는 "들키긴 하지만, 들켜도 괜찮다!"라고 말씀드리고 싶습니다. ==허세를 부린다는 것은 사회인에게는 마이너스가 아니라 플러스가 되는 능력이기 때문입니다.==

가까운 출판 관계자가 했던 "오하라 씨는 알고 보면 허세쟁이네요"라는 한마디가 이 책을 출간하는 계기가 되었습니다. 다음에는 어떤 책을 낼지에 대해 상담하고 있었을 때, 저의 강점으로 '허세'라는 키워드를 발견해 준 것이지요.

그렇습니다. 제가 허세로 일을 하고 있다는 사실은 오래 알고 지낸 사람들은 모두가 잘 알고 있으며, 고객들도 조금씩 느끼고 있을지도 모릅니다. 하지만 그것이 마이너스가 되는가 하면 그렇지는 않습니다. "오하라는 확실히 허세쟁이긴 하지만, 자신이 부린 허세를 제대로 회수해서 현실로 만드는 녀석이야"라며 모두가 알아주기 때문입니다.

허세는 애당초 가지고 있는 힘을 몇 배로 증폭시키는 힘을 가지고 있습니다. 비슷비슷한 상품이라도 허세가 들어간 상품이 더욱 비싸게 팔리고, 고객만족도도 높아집니다. 그 궁극적인 형태가 '세계에서 가장 비싼 아이스크림'으로, 허세력이 전혀 들어가지 않은 백반집이 1개월 동안 필사적으로 일해서 버는 70만 엔이라는 이익을, 이 아이스크림은 그저 1개로 쉽게 올립니다.

인간도 마찬가지로, **허세를 부릴 수 있는 사람과 그렇지 않은 사람, 사회에서 어느 쪽이 좋게 평가받는가 하면, 허세를 부릴 수 있는 사람입니다.** '허세를 부린다는 것을 들키는 게 부끄럽기'는 커녕, 자신은 허세쟁이라고 어필해 봅시다. 그러는 편이 사내외에서의 평가가 높아질 것입니다.

그러니 여러분도 안심하고, 오늘부터 허세 인생을 시작해 보시길 바랍니다. 그렇게만 해도 나중에는 실력도 평가도 자연스럽게 따라오게 될 것입니다.

마치며

이 책을 마지막까지 읽어주셔서 감사합니다.

돌아보면 제 인생은 허세를 부리고, 그것을 실현해 온 삶이었습니다.

이런 에피소드도 있습니다.

중학교 2학년이 끝나갈 무렵, 저는 그 지역에서 가장 공부를 잘하는 '가와고시 고등학교'에 진학하겠다고 주변에 선언했습니다. 멋있는 척하고 싶다, 허세를 부려서라도 세 보이고 싶다, 제 안에는 그런 생각이 있었던 것 같습니다.

하지만 당시 제 성적은 그 고등학교의 합격선에 크게 미치지 못해서, 성적만 보면 도저히 진학하기 힘든 상황이었습니다. 하지만 선언한 이상, 저는 어쩔 수 없이 노력할 수밖에 없었습니다. 3학년이 된 후에는 학원에 다니며, 매일 필사적으로 공부에 매진했습니다.

그러자, 반년 동안 합격선에 가깝게 성적이 올랐습니다. 그때부터는 마지막까지 몰입했고, 시험 때는 합격선을 넘어서서 훌륭하게 합격해 냈습니다.

또 한 가지 에피소드를 소개하겠습니다.

제가 신입사원으로 들어갔던 라쿠텐이라는 회사에서 가장 처음에 상사에게 들었던 말이 있습니다. 바로 "입만 산 녀석은 이류, 하지만 입 밖으로 내뱉지도 못하는 녀석은 삼류다"라는 말입니다.

이 말은 신입사원이었던 제 마음에 깊게 남았고, 그 이후 업무 목표나 고객의 목표 제안 등은 반드시 사전에 선언하게 되었습니다. 그 결과는 이 책에서 이야기한 바와 같습니다.

"허세라도 좋으니 입 밖으로 내뱉어 선언해 버려라." 저는 지금까지 저 자신의 인생에서 말의 위력을 몸소 통감하고 있습니다.

그러면 어째서 먼저 입 밖으로 내뱉어야 힘을 가지는 것일까요?

태고의 고전이라고도 할 수 있는 『성경』을 보면 '태초에 말씀이 계시니라'라고 쓰여 있습니다. 이는 아주 흥미로운 구절입니다. 이 세상은 모두 말씀으로 이루어졌으며, 말씀으로 실현되었다. 선조들도 그 본질을 이해하고 있었는지도 모릅니다.

　인간은 자기가 한 말을 스스로 가장 잘 듣는 생물입니다. 자기 입에서 나온 말은 그대로 가장 가까운 자기 귀로 들어갑니다. 그리고 인간의 뇌 자체는 주어를 판별하지 않는다고 합니다. 예컨대 누군가가 "바보"라고 말하면, 뇌는 자신에게 "바보"라고 했다고 판단합니다. 반대로 누군가에게 "당신은 반드시 성공할 것입니다"라고 말하면, 그 대상은 자신이라고 뇌는 착각한다고 합니다.
　따라서 자기 입에서 긍정적인 말을 내뱉으면, 미래를 실현하는 방향으로 바뀐다는 점, 그것이 중요합니다.
　자신에게도, 주변에도 그러한 종류의 말을 함으로써 귀가, 뇌가 그 말을 실현하고자 스스로 세뇌한 것 같은 상태가 됩니다. 이것이 선언이 힘을 가지는 이유가 아닐까요?

　허세라고 하면 '사람들을 속이고 자신을 크게 보여주는 것'이라는 이미지를 떠올리기 쉽지만, 완전히 다릅니다. 허세는 스스로 보이지 않는 세상을 떠올리고, 이를 실현해 나가기 위한 최초의 한발입니다.

　하지만, 지금의 일본은 자기주장을 입 밖으로 내뱉기가 꺼려지는 상황입니다.

예컨대 CM에 조금이라도 비난이 쏟아지면 즉시 방송이 정지됩니다. 상품에 클레임이 조금이라도 들어오면 사죄해야 합니다. 그렇게 되면 표현은 점차 위축되고, 아무것도 말하지 못하게 되며, 아무 문제도 일으키지 않는 것이 정의가 되고 맙니다. 그런 상황이라면 일본의 경제나 활력은 쇠퇴할 수밖에 없습니다.

이 책을 읽어주신 여러분께는 우선 자신부터 이러한 상황을 타개해 나가시기 바랍니다. 목표를 선언하고, 허세라도 실현하고 말겠다, 나는 할 수 있다고 스스로 되뇝시다. 그렇게 하다 보면 인생이 긍정적으로 흘러가게 될 것이라고 저는 확신합니다.

그리고 이 책을 통해 자신이나 상품을 최고가에 파는 기술을 익혀서, 더욱 많은 기회를 붙잡고, 성공으로 향하는 길을 열 수 있기를 바랍니다. 이 책이 그렇게 되는 데 일조할 수 있다면, 저자로서 그보다 큰 기쁨은 없을 것입니다. 마음속 깊이 여러분이 성공하시기를 기원합니다.

마지막으로 집필의 계기를 안겨주신 출판 프로듀서 마쓰오 아키히토 씨, 출판을 지원해 주셨던 다케마사 유우코 씨, 무엇보다도 파루출판의 이와가와 미카 씨에게 감사 인사를 드립니다.

또한 이번 출간에서 발생하는 인세 수입은 지금부터 새로운 기업, 비즈니스에 도전하는 젊은이, 사회적 의의가 있는 스타트업에 전액 기부하고자 합니다.

자신을 잃어버릴 위기에 처한 일본의 비즈니스가, 더 강하게 성장하기를 바라며.

2024년 6월 25일

오하라 마사토(大原昌人)